VOCABULAIRE
DE L'ANCIEN FRANÇAIS

VOCABULAIRE
DE L'ANCIEN FRANÇAIS

Actes du Colloque de Hiroshima
du 26 au 27 mars 2004
à l'Université de Hiroshima

édité par
HARANO Noboru

Keisuisha, Hiroshima
2005

VOCABULAIRE DE L'ANCIEN FRANÇAIS

Cet ouvrage a été publié avec une subvention « Grant-in-Aid for Publication of Scientific Research Results » accordée par The Japan Society for the Promotion of Science (JSPS).

Copyright © 2005 HARANO Noboru

Keisuisha
Naka-ku, Komachi 1-4, Hiroshima, Japon
ISBN 4-87440-888-5 C3085

TABLE DES MATIÈRES

Michel ZINK 5
Dénaturer

YI *Yeong-Houn* 21
« Et Gieffroy le suit *l'espee traicte* » : constructions prédicatives adjointes avec participe parfait en français médiéval

YOKOYAMA *Ayumi* 39
Le verbe « veoir » chez Robert de Boron
— le témoignage oculaire et la création liturgique du roman —

TAKIGUCHI *Hideto* 65
La voix évoquant Dieu : « Dieu, le fils Marie »
— Une étude informatique des textes médiévaux —

SUZUKI *Satoru* 75
Sur le mot *plait*

SETO *Naohiko* 87
Li vus que Nicodemus fist : saint Vout et saint Genet

MATSUMURA *Takeshi* 117
La *Somme des offices* de Jean Beleth : notes lexicographiques

MATSUBARA *Hideichi* 153
Sur le choix du manuscrit de base — le cas du *Lai de l'Oiselet* —

FUKUMOTO *Naoyuki* 171
Remarques sur l'expression « Tant conme hante li dura »

HARANO *Noboru* 181
Sur le mot *croerre*

Programme du Colloque de Hiroshima 189
Liste des auteurs 191

Michel ZINK

Dénaturer

Mon propos d'aujourd'hui s'inscrit dans le cadre d'une réflexion beaucoup plus large qui inspire actuellement mes cours du Collège de France. Cette réflexion porte sur la relation entre la poésie et la nature au Moyen Age. Son point de départ était le suivant : d'une part, le Moyen Age, à travers l'Antiquité chrétienne, hérite de l'Antiquité classique une poésie cosmogonique ou cosmographique, philosophique ou théologique de la nature créatrice. C'est le courant qui va de Boèce et de Martianus Capella à Bernard Silvestre, à Alain de Lille, puis à Jean de Meun. Revisitée par la pensée chrétienne, cette poésie médite sur une nature qui est l'ouvrière du Dieu créateur et dont les lois ordonnent la génération et la corruptibilité auxquelles est soumis le monde créé. D'autre part l'évocation de ce que le XVIIIe siècle appellera « la belle nature » (les prés, les arbres, les fleurs, les oiseaux) occupe dans le lyrisme médiéval une place qu'il est très insuffisant de définir comme importante, une place primordiale dans tous les sens du terme : au début du poème (*Natureingang*), à l'origine, semble-t-il, du lyrisme roman. Mais le mot nature, qui revêt au Moyen Age tant de sens différents (onze selon Alain de Lille, qui, comme théologien et comme poète, est au cœur du sujet) n'a jamais à cette époque celui de la « belle nature », comme dira le XVIIIe siècle. Avant la fin du XVIIe siècle, le mot ne désigne jamais le monde vierge des artéfacts humains et le spectacle qu'il offre. Au Moyen Age, la proposition « j'aime la nature » peut signifier bien des choses, mais jamais « j'aime la campagne, les arbres, les fleurs et les oiseaux ». Ainsi, le lien, à première vue évident, entre la poésie de la nature créatrice et le lyrisme printanier ne va nullement de soi.

On décèle pourtant des confluences entre ces deux poésies. La nature créatrice est figurée en poésie par les éléments naturels et par l'apparence sous laquelle ils s'offrent à nos sens. Nature personnifiée est ainsi revêtue des ornements de la belle nature. Inversement, les notations concrètes du *Natureingang* se distribuent souvent de façon énumérative entre les quatre éléments avec un soin qui paraît systématique.

Mais il existe aussi un autre rapprochement, plus fondamental. La notion de nature a en elle-même à voir avec celle de changement : *natura* est de la même racine *nascor*, *nasci*, « naître, pousser, croître », de même que φύσις est de la même racine que φύω, φύειν.

On appelle « nature » le principe de production des êtres vivants. Ce dernier est immanent à chacun d'eux, et par extension « nature » désigne la source… de toute tendance au changement, pourvu que cette tendance ne soit pas accidentelle (ou due au hasard) mais bien intrinsèque, possédée par soi (cf. Aristote, *Met.* E, 4, 1014b 15 sq.). C'est-à-dire que les êtres naturels (animaux, végétaux, éléments simples et leurs composés) ont en eux-mêmes un principe de changement… (d'où l'idée de la physique comme science du mouvement, de l'être en devenir), contrairement aux artefacts de la technique humaine, qui n'ont tendance au changement que par accident, en tant qu'ils sont faits de telle ou telle matière (Aristote, *Phys.* II, 1, 192b 8 sq.).[1]

Comme la pensée antique, la pensée médiévale n'oublie à aucun moment que la nature est principe de changement et de mouvement. *Natura est motus proprium, secundum se, non per accidens* (« La nature est le principe du mouvement *per se* et non par accident »), écrit Boèce dans le *De duabus naturis* (ou *Contra Euthychen et Nestorium*). Ainsi, la discussion sur la question de savoir si la toute-puissance de Dieu est limitée par les lois de la nature, établies par Dieu lui-même, prend en compte l'idée que les germes du changement ont été placés par Dieu lui-même dans sa création. Et chaque fois qu'il s'agit de définir la notion de nature au regard d'autres notions, c'est son aspect dynamique qui est mis en évidence : c'est lui, par exemple, qui, selon saint Thomas, distingue la notion de nature (au sens de caractère propre) de celle d'essence, qui en est très proche, mais qui exclut ce dynamisme et met au contraire en valeur la permanence et la stabilité.

Ainsi, que l'on prenne en considération l'une ou l'autre des deux acceptions principales du mot « nature », celle de puissance génératrice et régulatrice de l'univers ou celle de caractère inné appelé à se développer et d'essence dynamique, l'idée du changement est toujours essentielle.

Cette attention à l'idée de changement intrinsèque à la notion de nature est évidemment présente dans la poésie philosophique de la nature créatrice. Mais elle l'est aussi – de façon, certes, purement figurée, et non conceptualisée – dans le *Natureingang*, toujours attentif à l'évocation d'une saison particulière et plus encore à celle du changement de la saison.

C'est avec ses prolégomènes présents à l'esprit que je me tourne à présent vers le mot *dénaturer* et vers la notion ou les notions qu'il recouvre. D'une façon générale, *dénaturer* a le même sens dans l'ancienne langue qu'aujourd'hui : « changer la nature ». Le verbe est en principe péjoratif. Il vaut mieux rester fidèle à sa nature qu'en changer et il vaut mieux obéir à la nature que se rebeller contre elle. Les deux sens du mot se rejoignent en effet dans la conviction que la nature (l'essence) de chaque être est conforme à la loi de la nature. Il faut aussi garder à l'esprit que les lois de la nature sont, au Moyen Age, comprises de façon littérale comme des injonctions plus que comme des nécessités. *Dénaturer* ou *se dénaturer* impliquent donc une sorte de perversion morale.

Les occurrences particulières confirment ces aperçus généraux. Evrard de Conty emploie *desnaturer* comme doublet d'*entosiquer*.

Dénaturer

L'empoisonnement corrompt la nature (caractères innés) du corps en déréglant l'équilibre qu'il a reçu de la nature (puissance créatrice). Comme il s'agit, dans le contexte, des effets de la magie, la dénonciation d'une atteinte aux lois de la nature est particulièrement claire :

> Car leur propre nature et leur propriété [des choses dont on use dans la magie] est d'entosiquier et de *desnaturer* le corps et la complexion de la personne qui en gouste ou qui de leur vertu est attainte et infecte, ains enveniment et transmuent aussy le sens et la pensee.[2]

La traduction française de la lettre de saint Bernard aux frères du Mont-Dieu offrait déjà un emploi très comparable, où *dénaturer* désignait l'effet pervers d'un mauvais usage des remèdes, mais à titre de comparaison et alors que son véritable objet est la santé de l'âme :

> Les medicines c'um remuet sovant nuisent et torbent la nature et *desnaturent* lo malade.[3]

De même, dans *Berte aus grans piés* d'Adenet le Roi, où le verbe désigne une perturbation, sous le coup d'une émotion trop forte, qui entraîne une altération de la santé :

> De la joie k'en ot fu si *desnaturee*,

Pour ce que longuement vous avoit desiree,
Que onques puis ne fu de son lit remuee.[4]

L'origine de la dénaturation est morale, si son effet est physique.[5] En fait, dans la plupart des emplois, *(se) dénaturer* a une valeur éthique et désigne une perversion de la conscience par désobéissance à la loi naturelle conçue comme une obligation morale[6] :

Orguellous....,
Puis ke tu *desnatures* ore,
Onkes mais ne me fai memore
Dou bon ne dont tu avolas.[7]

Bien *se* honnist li cuers et *desnature*
Qui vers amour du tout ne s'umilie.[8]

Toute riens veult et aimme son pareil par nature ;
Pour ce di je que fame ou hons *se desnature*
Qui [n']aimme a ceste fin humaine creature
Car raison s'i acorde et Dieu et escripture.[9]

On note, dans ce dernier vers, que la raison, la volonté de Dieu et l'Ecriture sainte s'unissent pour soutenir la loi de nature.

Parmi tous les exemples, dont la liste serait très longue, peut-être faudrait-il faire une place particulière à deux types d'emplois. D'une

Dénaturer

part ceux qui touchent à la condamnation de ce qu'il a été longtemps convenu d'appeler « le vice contre nature ». Ainsi dans *Barlaam et Josaphat*, où les sodomites sont interpellés en ces termes :

> Vous ki desnaturés nature,
> Ki fausés toute sa droiture.[10]

L'expression « dénaturer nature » apparaît comme une variante forte de la rime très fréquente *nature / desnature*, dont le *Testament* de Jean de Meun vient de nous donner un exemple.

D'autre part, les cas assez nombreux où *desnaturer* s'applique, avec une coloration péjorative, au sevrage ou au fait de mettre un enfant en nourrice et de le priver ainsi du lait maternel, ou encore au fait de donner à un enfant un frère de lait, au risque que celui-ci accapare les bonnes qualités transmises par le lait maternel.[11] Qu'il s'agisse de l'homosexualité ou de l'interruption de l'allaitement maternel, ce qui est menacé par la dénaturation, c'est la loi de nature comme loi de la génération et de la perpétuation, du renouvellement des êtres, mais dans la continuité familiale.

Nous voilà bien loin, dira-t-on, de la poésie. Mais nous allons y revenir d'un coup et par une sorte de renversement. Il est dans la poésie médiévale une occurrence de *desnaturer*, ou plutôt de *desnaturar*, car elle est en langue d'oc, plus connue que toutes les autres. C'est celle que l'on trouve au début de la célèbre chanson de Bernard de Ventadour *Tant ai mo cor ple de joya / Tot me desnatura* (P.C. 70, 44). Or, c'est un cas où le mot, qui est comme glosé par la strophe entière, a une valeur positive :

Tant ai mo cor ple de joya,	J'ai le cœur si plein de joie
Tot me desnatura.	que la nature de toute chose en est pour moi changée[12]
	(*ou* : qu'il change complètement ma nature).
Flor blancha, vermelh'e groya	Fleur blanche, vermeille et jaune,
Me par la frejura,	voilà ce que me paraît la froidure,
C'ab lo ven et ab la ploya	car le vent et la pluie
Me creis l'aventura,	accroissent mon bonheur,
Per que mos chans mont'e poya	grâce à quoi mon chant s'élève et culmine,
E mos pretz melhura.	et mon mérite s'améliore.
Tan ai al cor d'amor,	J'ai au cœur tant d'amour,
De joi e de doussor,	de joie et de douceur
Per que'l gels me sembla flor	que le gel me semble fleur
E la neus verdura.	et la neige verdure.

Martín de Riquer, qui traduit les premiers vers par *Tengo mi corazón tan lleno de alegría [que] todo me lo transfigura*, après avoir renvoyé, pour l'expression *me desnatura*, au commentaire d'Antonio Viscardi (*Gli studi in memoria di Luigi Russo*, p. 43), s'exprime lui-même en ces termes :

Desnaturar es un verbo que significa « cambiar de

naturaleza, transformarse », que aquí el poeta lo convierte en transitivo, elevándolo a una sublime altura poética : « el corazón *me lo transfigura* todo ». Battaglia traduce : « ogni cosa mi si trasfigura », y Lazar : « qu'elle métamorphose tout pour moi ».[13]

A vrai dire, l'emploi transitif de *dénaturer* n'a rien d'exceptionnel dans l'ancienne langue. Plusieurs des exemples cités plus haut l'attestent. Mais de quelle façon le verbe est-il ici transitif ? Tous les traducteurs comprennent que le complément d'objet direct est *tot*, *me* étant un cas indirect et un datif d'intérêt : « mon cœur est si plein de joie qu'il change pour moi la nature de toute chose ». Cette construction grammaticale fait d'autant moins de doute que *me* a la même fonction au vers 6, *me creis l'aventura*. Toutefois, rien, à la lettre, n'empêche de voir en *me* le complément direct et en *tot* un adverbe : « mon cœur est si plein de joie qu'il change complètement ma nature ». Ce qui exclut cette interprétation, c'est que la suite de la strophe décrit les changements opérés dans la nature aux yeux du poète, et non ceux opérés dans la nature du poète. Mais cela revient au même, puisque ce qui change, c'est la perception que le poète a de la nature – c'est-à-dire, en dernière analyse, non pas la nature, mais bien lui-même : la froidure ne se transforme pas réellement en fleur blanche, rouge et jaune ; c'est lui qui la perçoit ainsi métamorphosée. Aussi bien, l'illusion s'évanouira à la fin de la chanson, quand il ne pourra plus se dissimuler la réalité de sa souffrance et de sa frustration amoureuse.

Mais l'hésitation grammaticale inclut une hésitation sur le sens de la nature impliquée dans le verbe *dénaturer*. La nature dont il est question ici, c'est l'essence, soit celle des objets du monde déformés par la perception qu'en a le poète, soit la sienne propre, métamorphosée par la joie qui emplit son cœur. Dans cette seconde hypothèse, la nature se réduit à cette notion d'essence ou d'être substantiel. Mais dans la première hypothèse – celle que tous les traducteurs ont préférée, et à juste titre – les objets du monde qui sont *dénaturés* pour le poète et dont l'être substantiel est changé à ses yeux sont les manifestations de la nature entendue au sens de monde sensible et d'univers créés, manifestations familières au *Natureingang* et dont l'énumération est sentie par le lecteur moderne comme une évocation de la « belle nature ».

La notion de nature contenue dans *dénaturer* paraît donc renvoyer ici à la belle nature. Ce n'est pourtant pas le cas : ce qui est en cause, c'est, une fois de plus, le bouleversement du mouvement temporel qui marque le changement des saisons et dont le spectacle de la végétation ou de la neige qui la recouvre, la sensation du froid ou celle du chaud, ne sont que les signes visibles. Mais ces vers fameux n'en constituent pas moins, à ma connaissance, la seule occurrence de *dénaturer* en ancien occitan et en ancien français où ce dont l'essence ou l'être substantiel est changé est précisément l'apparence sensible de la création (ce qui deviendra « la nature au sens moderne »). Il y a là une rencontre, et presque un jeu de mots, entre la nature comme être substantiel et la nature comme puissance génératrice et comme résultat de la création. Il n'est, de ce fait, pas certain qu'il faille à toute force réduire l'ambiguïté produite par la légère hésitation grammaticale. Elle ajoute à la force de ce vers, où l'omission du *que* consécutif (on attendrait : « Tant ai mo cor ple de joya *que* tot me desnatura ») renforce l'impression qu'une évidence paradoxale de la perception s'impose brutalement au poète et donne à l'expression ce tour elliptique et à demi énigmatique si caractéristique de l'art des troubadours.

On trouverait à coup sûr d'autres exemples du jeu de mots et de pensée né de la rencontre des deux sens du mot *nature* dans le verbe *dénaturer*. En voici un, à l'extrême fin du Moyen Age, dans le deuxième huitain du *Purgatoire d'Amours* :

> Là, regardant ces plaisans ruisseaulx
> Divers plaisirs de la terre produis :
> Fleurs et boutons et ces beaulx arbresseaulx
> – Pluseurs coulleurs äournans ces rainseaulx –,
> Fus enyvré en haulteur de deduitz,
> Ymaginant comme tous sont conduitz
> Par droit accort, en ordre de Nature,
> Qui se regist qu'il ne se desnature.[14]

Le décor et les sensations caractéristiques des strophes printanières qui « enivrent de plaisir » le poète dans le verger où il est entré sont soumis à l'ordre de Nature (la nature dont les lois régissent le monde créé). Celle-ci régit tout cet ensemble (*se* pour *ce* dans la lecture que je fais du texte) de façon à ce qu'il ne se dénature pas, c'est-à-dire à ce que chaque espèce ne s'écarte pas à la fois de ce que lui impose son essence substantielle et de la loi de Nature, qui est en l'occurrence celle du cycle des saisons et du renouveau printanier.

Mais revenons une dernière fois à cette idée d'une nature qui se dénature pour être en harmonie avec les sentiments du poète. La strophe saisissante de Bernard de Ventadour marquera les troubadours : que l'on songe à la chanson de la fleur inverse (P.C. 389, 16) de Raimbaud d'Orange. Mais on lui trouverait peut-être aussi dans d'autres registres, sinon des modèles, du moins des équivalents. Ainsi dans cette séquence du Xe siècle citée par Olivier Cullin, qui évoque elle aussi – sans employer le mot – une nature « dénaturée », contrainte de forcer sa nature et de donner une douceur paradoxale à ses manifestations les plus violentes, les plus bruyantes et les plus discordantes pour participer à la louange universelle de Dieu :

> Cantemus cuncti melodum nunc Alleluia
> In laudibus aeterni regis haec plebs resultet Alleluia
> Hoc denique caelestes chori cantant in altum Alleluia
> Nubium cursus, ventorum volatus, fulgurum coruscatio et
>   tonitruum sonitus
> Dulce consonent simul Alleluia
> Fluctus et undae, imber et procellae, tempestas et serenitas,
>   Cauma, gelu, nix, pruinae, saltus, nemora plangant Alleluia.

Dénaturer

> Chantons tous ensemble maintenant la mélodie Alleluia
> A la louange du roi éternel le peuple fait résonner Alleluia
> Et les chœurs célestes chantent en haut Alleluia
> Le passage des nuages, le vol des vents, la clarté des éclairs et le son du tonnerre
> Doucement chantent à l'unisson Alleluia
> Les eaux et les vagues, la pluie et les orages, la tempête et le calme,
> Le chaud, le froid, la neige, les frimas, les rochers, les forêts gémissent Alleluia.

Dans la strophe de Bernard de Ventadour comme dans la séquence latine, la dénaturation est prise exceptionnellement en bonne part. Exceptionnellement, parce que, dans la pensée médiévale, la loi de nature est une bonne loi, voulue et instaurée par Dieu. Exceptionnellement, parce qu'être *dénaturé* n'est d'ordinaire pas considéré comme une qualité. Sur le premier point, il faudrait toutefois prendre en compte certains passages d'Eustache Deschamps où la loi de nature est présentée comme une loi mauvaise, loi de convoitise et de désir égoïste.[15] Sur le second point, on peut observer que l'adjectif dénaturé s'applique surtout aujourd'hui (quand il ne s'agit pas d'alcool...) à des parents ou à des enfants *dénaturés* : c'est qu'au Moyen Age l'amour *naturel* désignait spécifiquement l'amour paternel ou maternel et l'amour filial.[16]

Mais ce n'est pas cela qui ici nous importe. Ce qui importe, c'est que, dans la séquence comme dans la *canso*, le transport poétique

– chant de la nature à la louange de Dieu, exaltation de l'amoureux – donne une coloration positive à la dénaturation. Les audaces du langage figuré, qui définit la poésie, et celles des sensations et des perceptions exacerbées ou déformées par l'enthousiasme poétique justifient que l'on inverse le temps d'un poème la bonne et sainte loi de la nature.

Notes

[1] Jean-Luc Solère, article « Nature », dans *Dictionnaire du Moyen Age*. Sous la direction de Claude Gauvard, Alain de Libera, Michel Zink, PUF, 2002, p. 967-968.
[2] Evrard de Conty, *Harm. sphères* H.P.-H., c. 1400, p. 95-96, cit. Hiltrud Gerner, *Atilf, Base des lexiques du moyen français*, sous *desnaturer* et sous *entosiquer*.
[3] Cité par Godefroy (2, 614c), *Li Epistle S. Bernart a Mont Deu*, ms. Verdun 72, f. 49r°.
[4] V. 2007-2009, éd. Albert Henry, *Les œuvres d'Adenet le Roi*, t. IV, Bruxelles – Paris, 1963, p. 138. Exemple cité par Tobler-Lommatzsch (2, 1657).
[5] Dans le contexte, la maladie est feinte et, si l'émotion est réelle, elle n'a rien à voir avec la joie : Aliste, substituée à Berthe comme épouse de Pépin, ne veut pas se montrer à la mère de Berthe, Blanchefleur, qui vient d'arriver à la cour, pour ne pas être démasquée.
[6] Les exceptions apparentes concernent des cas très particuliers, par exemple celui d'un animal cruel par nature et dont la douceur n'est donc pas naturelle. Ainsi le loup-garou du lai de *Mélion*, qui est docile et qui mange du pain : « Cis leus est tous *desnaturés* » (v. 430, éd. Prudence Mary O'Hara Tobin, *Les lais anonymes des XIIe et XIIIe siècles*, Genève, Droz, 1976, p. 310) ; cf. Guillaume de Machaut : « Car nourreture, / Si

Dénaturer 19

com on dit, veint et passe nature, / Et toudis va, s'il ne se *desnature*, / Li leus au bois ; c'est la verité pure » (*Jugement du roi de Behaigne*, v. 1000-1003, éd. James I. Wimsatt et William W. Kibler, Athens and London, The Univ. of Georgia Press, 1988, p. 111, cité – avec une référence inexacte – par Noël Musso, *Atilf, Base des lexiques du moyen français*, sous *desnaturer*).

[7] Renclus de Molliens, *Miserere*, 82, 10, cité par Tobler-Lommatzsch (2, 1656).

[8] Cité par Godefroy (2, 614C), qui emprunte l'exemple à La Curne de Sainte-Palaye. Chanson (Vatic. Chr. 1490, f. 94r°).

[9] Jean de Meun, *Testament*, éd. Silvia Buzzetti Gallarati, *Le Testament Maistre Jehan de Meun. Un caso letterario*, Alessandria, Edizioni dell'Orso, 1989, XVI, v. 61-64, p. 123 (cité partiellement par Godefroy, *ibid.*).

[10] V. 7085-7086 (Tobler-Lommatzsch 2, 1656). C'est, on le sait, tout l'argument du *De planctu Naturae* d'Alain de Lille. Gautier de Coincy s'en inspire dans un long développement du miracle *D'un archevesque qui fu a Tholete*, visant les papelards (v. 1224-1246, éd. V. F. Koenig, t. II, p. 52-53, Genève, Droz, 1961), dont deux vers (v. 1239-1240) servent d'explicit aux manuscrits de la famille *N* du *Roman de la Rose* (E. Langlois, *Les manuscrits du Roman de la Rose*, p. 425-487 ; Sylvia Huot, *The* Romance of the Rose *and its Medieval Readers*, p. 163-181) : « Nature rit, si com moi samble, / Quant *hic* et *haec* joinnent ensanble ». Gautier, qui avait écrit plus haut « La gramaire hic a hic acopple, / Mais Nature maldist la copple » (v. 1233-1234), poursuit : « Mais *hic* et *hic* chose est perdue ; / Nature en est tant esperdue / Ses poins debat et tuert ses mains, / Et Dieu n'en poise mie mains » (v. 1241-1244).

[11] « Li preudons respont : Sire, c'est mout grant chose que vos me requerrés, que je soivre mon enfant et *desnature*, et face norrir d'autre lait que del sien » (*Merlin*, cité par Godefroy, 2, 614c, après La Curne). « Yde ne le pot endurer / Qu'il (*son fils*) en alaitast une (*parmi les nourrices*) pour lui *desnaturer* » (*Godefroy de Bouillon* 22, cité par Tobler-Lommatzsch, 2, 1656). « Keux dont la mere avoit nourri le roy Artus de son lait, qu'il estoit *desnaturé* de sa nature pour la sienne, pour celle d'Artus qui avoit pris le bon lait, et ne lui avoit laissé que le

mauvais » (cité par La Curne de Sainte-Palaye : *Triomphe des IX Preux*, p. 394).

[12] Moshé Lazar, *Bernard de Ventadour. Chansons d'amour*, Bernard de Ventadour. *Chansons d'amour* : « qu'elle métamorphose tout pour moi » (p. 73). Cf. Martin de Riquer, *Los trovadores. Historia literaria y textos* [1975], Barcelona, Ariel, t. I, p. 372-373 (texte : Appel).

[13] Martin de Riquer, *Los trovadores. Historia literaria y textos* [1975], Barcelona, Ariel, t. I, p. 372 (texte : Appel).

[14] *Le Purgatoire d'Amours*, v. 9-16, éd. Sandrine Thonon, Louvain-la-Neuve, 1998. S. Thonon ponctue d'une façon qui me paraît erronée : « Par droit accort, en ordre de Nature ; / Qui se regist, qu'il ne se desnature ! » Le dernier vers serait alors une injonction explicitant « l'ordre de Nature ».

[15]   A mal faire est chascun habandonné,
      Prandre et ravir chose qui n'est pas sienne ;
      Convoitise a le monde ainsi mené
      Que Nature est la loy cotidienne.

(Ballade CLI, « Comment sont ceuls de tresbonne heure né » ; refrain : « Mais au jour d'ui partout double loy regne », v. 8-11, t. I, p. 278-279).

      Quele yert la loy ? C'iert la loy de Nature
      Ou chascun est a voulenté enclin,
      En delaissant Raison, Foy et Droiture,
      En ravissant les biens de son voisin.

(Ballade CLII, « En treuve assez en la saincte Escripture » ; refrain : « Lors se fera le tresor d'Antecrist », v. 10-13, t. I, p. 279-280).

On est là exactement à l'opposé du passage du *Testament* de Jean de Meun cité plus haut.

[16] Voir Michel Zink, « L'amour naturel de Guillaume de Saint-Thierry aux derniers troubadours », dans *Journal des Savants*, juillet-décembre 2001, p. 321-349.

YI Yeong-Houn

« Et Gieffroy le suit *l'espee traicte* » :
constructions prédicatives adjointes
avec participe parfait en français médiéval

Cette étude traite des expressions de type *l'espee traicte* dans une phrase comme « Et Gieffroy le suit *l'espee traicte*. » Voir également trois autres cas sous des formes italiques dans les exemples ci-dessous (1)-(3). Chaque cas représente un type de ces tournures que nous appelons *constructions prédicatives adjointes avec participe parfait*.

(1) Et lors trespassa del siecle, *ses meins croisiees seur son piz*. Le Roi Artu, p. 221.

(2) Atant vient Uriien et sa gent, *lances baissees*. Mélusine, p. 102.

(3) Messire Arnault de Perillos lui donna un Maure noir, tres richement abillié, sur un tresbel et puissant genet, *armez et abilliés tous a la morisque*, ... Saintré, p. 136.

Nous avons pour objectif de décrire et de classifier dans le cadre du français du XIIIᵉ au XVᵉ siècle ces constructions composées d'un syntagme nominal et d'un participe parfait, caractérisées par une relation analogue à la prédication entre le sujet et le verbe principal, ayant pour fonction de qualification attributive par rapport aux actants du procès principal. L'enquête que nous avons menée sur cinq textes en prose[1] nous a apporté au total 78 constructions prédicatives adjointes avec participe parfait.

I. Statut grammatical des constructions

Les expressions en question se voient appeler de diverses manières par les linguistes et les grammairiens : complément absolu[2], proposition participe[3], proposition participe absolue[4], sous-phrase nominale floue[5], prédicat second[6], construction absolue[7], nexus de rang 3[8], complément de manière non prépositionnel[9], etc. Pour notre part, nous avons décidé de les nommer autrement. Nous nous devons de justifier ce choix.

Tout d'abord, nous n'utiliserons pas le terme « participe passé », mais « participe parfait », étant donné que cette forme verbale ne s'emploie ni pour décrire un événement du passé, ni même pour exprimer la notion d'antériorité dans les cas qui concernent cette étude ; mais qu'elle indique l'aspect accompli, autrement dit l'état résultant d'un procès terminé.

En outre, nous voyons dans le groupe substantif et participe formant nos expressions une relation équivalente à la prédication du sujet au verbe personnel dans une phrase. Cependant, avec les seules valeurs prédicatives d'aspect et de voix le participe parfait n'est pas en mesure d'assumer la fonction pleinement verbale.

Enfin, si nous appelons nos constructions *adjointes*, c'est par opposition aux constructions prédicatives disjointes avec participe parfait. Voici un exemple de construction disjointe :

(4) *Ces nouvelles sceues*, le conte daulphin se departi tantost de Paris pour venir vers Auverngne... FROISSART, p. 219.

Les expressions de type *Ces nouvelles sceues* jouent le rôle de complément de la phrase, tandis que les tours adjoints comme *l'espee traicte* servent de complément au verbe principal.

II. Origine des formes

Les linguistes et les grammairiens ne sont pas d'accord sur l'origine et la formation de ces expressions avec participe parfait. Dans sa magistrale *Grammaire des langues romanes*, tome III consacrée à la *Syntaxe*, Meyer-Lübke voit dans des expressions de type *l'espee traicte*, attestées dès la *Chanson de Roland*, des héritières de l'ablatif absolu latin. « Enfin il faut citer les locutions correspondant à l'ablatif absolu latin et propres surtout au langage épique ; elles se composent d'un substantif et d'un participe ou adjectif, et s'attachent au sujet ou au régime avec une valeur de prédicat : *Paien chevalchent <u>Halbercs vestuz</u> et <u>lur brunies dublées</u>, <u>Healmes laciez</u> et <u>ceintes lur espées</u>...* Chanson de Roland, 710 » (*ibid.*, p. 51).

Alors que W. Meyer-Lübke insiste sur la continuité du latin en français en rattachant nos constructions adjointes aux ablatifs de manière, Stanislav Lyer, dans ses travaux sur le gérondif et le participe présent en langues romanes[10], affirme que les constructions prédicatives adjointes avec participe parfait ne sont pas d'origine latine mais de formation romane et qu'elles peuvent se comparer aux ablatifs de qualité en latin. Vous avez un cas de l'ablatif de qualité dans l'exemple (5).

(5)   Nero fuit *valetudine prospera*.
      « Néron avait une santé de fer. »

Nous sommes plutôt attiré par l'hypothèse de Lyer, étant donné que les tours adjoints de type *l'espee traicte* apparaissent dès la naissance du français, tandis que les tours disjoints de type *Ces nouvelles sceues*, comparables aux ablatifs absolus latins, sont massivement introduits au XVIe siècle en français sous l'influence des traducteurs et des écrivains latinisants[11].

(6)   Fabricius a subsellis, *demisso capite*, discesserat.
      « Fabricius, tête baissée, avait quitté son banc. »

Dans l'énoncé (6), tiré de Cicéron, la forme *demisso capite*, s'apparente beaucoup à nos tours participes adjoints. Marius Lavency, dans son article « Le paradigme syntaxique de l'ablatif absolu »[12], considère cette expression comme un cas-limite de l'ablatif absolu latin. Par ailleurs, Guy Serbat, dans son étude systématique de l'ablatif absolu latin[13], ne semble pas incorporer ce type de construction dans la catégorie de l'ablatif absolu. Enfin, selon notre étude sur six textes latins et leurs traductions en français ancien, les constructions participiales de type adjoint s'avèrent très rares aussi bien dans les textes latins que dans leurs traductions françaises[14].

Maintenant, nous allons essayer de décrire et de classifier nos expressions participiales à partir du dépouillement de cinq textes médiévaux.

III. Caractéristiques des constructions

Ces constructions se composent de trois éléments, c'est-à-dire le participe parfait, son support (si vous voulez son sujet) et le complément du participe.

Tout d'abord, ce sont souvent des substantifs, mais aussi des pronoms personnels et des indéfinis qui prennent la place du support du participe.

(7) Lors s'adrece a monseigneur Gauvain, *l'espee levee contremont*, et le fiert si durement... *Le Roi Artu*, p. 147.
(8) Saintré atout ses trois chevaliers, (...) et tout le surplus de ses gens, *lui et eulz* tous vestus de robes a la devise, accompaignié de pluseurs autres seigneurs, (...), vindrent tous a genoulz devant le roy,... *Saintré*, p. 93.
(9) Autour du duc, sus les champs, estoient ces Brussellois, *montez les aulcuns as chevaulx* et leurs varlez par derriere eulx,... FROISSART, t. 14, p. 164.

Les substantifs en tant que support du participe se voient en général déterminés soit par l'article défini [exemple (7)], soit par l'adjectif possessif [exemple (10)], soit sous forme zéro [exemple (11)].

(10) Car, à toutes alarmes c'estoit le premier homme armé, et de toutes pièces, *et son cheval toujours bardé*. COMMYNES, p. 71.
(11) car le duc Anthoine chevauche, *banniere desploiee*, en

belle bataille. *Mélusine*, p. 183.

Les participes parfaits proviennent toujours des verbes transitifs; ils ne représentent que l'aspect accompli sans aucune considération du temps relatif; le problème de l'accord en genre et en nombre se pose parfois entre le participe et son support. Vous avez un cas de non-accord, exemple (12) tiré de *Mémoires* de Commynes.

(12) Le chief de Bourguygnons estoit monsr de Neuf-chastel, mareschal de Bourgongne, *joinct avec luy son frère, le seigneur* de Montagu, le marquis de Rothelin et grant nombre de *chevaliers et escuiers*,... COMMYNES, p. 48.

Quant à l'ordre des éléments constituant des tours participes adjoints, le participe est placé le plus souvent derrière son support ; les compléments du participe, s'il y en a, se déplacent assez librement à l'intérieur de ces constructions. Nous vous signalons un cas de postposition du support par rapport au participe dans l'exemple ci-dessous.

(13) Et Remondin vint courant, et *palmie l'espie*, ... *Mélusine*, p. 22.

IV. Fonction discursive des tours

En tant que composant d'une phrase ou d'une proposition personnelle, nos expressions participiales se placent habituellement après le verbe principal, sutout en position finale. Nous avons néanmoins relevé un cas particulier dans l'exemple (14) où le tour participe en question est inséré entre le sujet et le verbe principal.

> (14) Alors le petit Saintré, tout honteux, *le viz de honte tout enflammé*, soy inclinant, avec les autres devant se mist. *Saintré*, p. 6.

Nos constructions participiales sont, quand les occasions se présentent, coordonnées avec différents compléments de manière, comme dans les exemples (15)-(16). Il arrive également qu'elles soient attachées par la conjonction ET à la proposition principale, exemple (17).

> (15) et pour ce, ma dame, a genoulz et *joinctes mains* tres humblement vous supplie que lyement et de bon cuer me pardonnez,... *ibid.*, p. 234.
> (16) et venoient très agreement et enbroussez, *bannierez desploiées* et en sonnant grant fusion de claronciaux. FROISSART, p. 70.
> (17) Dès que le jour apparut, tout nostre ost s'assembla et *les batailles bien ordonnées*; COMMYNES, p. 98.

Quels seraient les effets de sens de nos tournures participiales ? Nous considérons qu'elles signifient d'une part un état subséquent à l'achèvement d'un procès, d'autre part une concomitance de cet état résultant avec le procès principal. Pour mieux comprendre observons l'exemple (18) :

(18) Si joint l'escu au pitz et s'en vint vers lui, *lance baissiee*. *Mélusine*, p. 40.

(18-a) Si joint l'escu au pitz et s'en vint vers lui, <u>tantost</u> *lance baissiee*.

(18-b) Si joint l'escu au pitz et s'en vint vers lui, *lance <u>tousjours</u> baissiee*.

Dans cet exemple, l'expression *lance baissiee* signifie que **la lance est baissée**, état résultant d'une action terminée d'avoir baissé la lance. Elle ne veut pas forcément dire que cette action **d'avoir baissé la lance** a eu lieu avant celle de **s'en venir vers lui**. Si c'était le cas, on aurait pu préciser cette antériorité par un mot comme **tantost**. Au contraire, nous supposons qu'il puisse exister en français médiéval une variante de cette expression comme *lance tousjours baissiee*, qui met en valeur le prolongement d'un état *lance baissiee* au cours de l'action **s'en venir vers lui**.

Dans les grammaires du français médiéval traitant de nos expressions participiales, on définit ces constructions comme compléments de circonstance ou de manière vis-à-vis du verbe principal[15]. Autrement dit, ces compléments sont intégrés à la structure de la proposition principale, contrairement aux tours participes disjoints qui sont exocentriques. Cela dit, de quelle circonstance ou de quelle manière s'agit-il dans l'expression de ces tours ? Il nous semble que ce sont des attitudes de l'actant envers le procès principal. L'actant peut être aussi bien le sujet qu'un complément du verbe principal.

(4) *Ces nouvelles sceues* (= Dès que ces nouvelles étaient connues), le conte daulphin se departi tantost de Paris pour venir vers Auverngne... FROISSART, p. 219.

(19) Lors s'en vient Gieffroy, *l'espee ceinte*, et entre dedens,... *Mélusine*, p. 250.

(19-a) Gieffroy s'en vient et il a *l'espee ceinte*.

(14-b) Q. : Gieffroy s'en vient comment ?
R. : Il s'en vient *l'espee ceinte*.

(20) l'empereur les fist saillir d'une part et d'autre, *leurs coctes d'armes vestues*, que tresbelle chose estoit,... *Saintré.*, p. 266.

(10) Car, à toutes alarmes c'estoit le premier homme armé, et detoutes pièces, *et son cheval toujours bardé*. COMMYNES, p. 71.

En effet, dans les exemples (20) et (10), les tours participes adjoints décrivent les attitudes d'un complément d'objet ou d'un attribut au moment de l'événement exprimé par le verbe principal. Ces expressions participiales sont donc censés décrire l'attitude des actants du procès principal, quel que soit le terme auquel elles se rapportent.

V. Classification des tours

Pour terminer, nous allons dès à présent procéder à une classification des constructions prédicatives adjointes avec participe parfait en faisant ressortir leurs traits pertinents. Nous tiendrons compte pour cela des rapports entre le support du participe parfait et l'actant du verbe principal.

Meyer-Lübke a déjà signalé deux types de relation caractérisant ces constructions en décrivant des propriétés sémantiques des supports substantifs : « le substantif en question est le nom d'une partie du corps, d'une pièce du vêtement ou de l'équipement, bref d'un signe distinctif observé chez un être, surtout chez une personne, et qui frappe les regards, (...) en même temps que l'être même »[16].

Fréquemment attestées dans des textes narratifs médiévaux, ces tournures participiales décrivent l'état soit de parties du corps, soit de vêtements ou d'équipement, concernant l'un des protagonistes du procès principal. Nous y ajoutons un troisième type de relation reliant le support du participe aux actants du verbe principal. Il s'agit d'une relation partie-tout ou tout-partie entre un des composants du procès principal et celui du procès participial. Vous avez ainsi trois catégories de constructions prédicatives adjointes avec participe parfait. Ces expressions sont des attributs d'une ou de plusieurs personnes au cours d'une action ou d'un état.

1. possession inaliénable

Les tours participes adjoints, concernés par la relation de possession inaliénable, sont employés pour décrire l'état physique ou intérieur d'un actant durant le procès principal. En général, ce procès est défini par des verbes d'état comme être, porter, se tenir, etc. ou par des verbes de déplacement comme aller, venir, s'en départir, etc., comme on peut le voir dans les exemple (21) et (22).

(21) si poïssiez veoir a l'encontrer meint chevalier verser et morir, et meint cheval ocirre et meint estraier, dont li seigneur **gisoient** par terre *les ames parties des cors*. Le Roi Artu, pp. 254-255.

(22) Et en disant ces parolles, le seigneur de Saintré, *le cuer ravy de joye*, prestement **descendit**,... Saintré, p. 273.

2. possession aliénable

Les vêtements et l'équipement sont des propriétés aliénables d'une personne physique. Par ailleurs, une lance, une épée, un cheval ou encore une cotte d'armes constituent également des attributs intrinsèques d'un chevalier, par exemple. Ainsi, les tours participes comportant ces objets-prolongements représentent une démarche des actants du procès principal, en particulier un déplacement comme s'en aller, s'en venir, venir.

(23) Et environ heure de prime, vint Remondin, a noble compaignie, armez moult richement, l'escu au col, lance sur fautre, *la cote d'armes* vestue, burlee d'argent et d'asur,... Mélusine, p. 61.

(24) et venoient très agreement et enbroussez, *bannierez desploiées* et en sonnant grant fusion de claronciaux. FROISSART, p. 70.

3. relation ensembliste

Il reste un certain nombre de tours se rapportant au sujet du procès principal à travers la relation ensembliste. Ce sont des tours participes adjoints caractérisés par les rapports, de l'élément à l'ensemble ou du sous-ensemble à l'ensemble. Voir les exemples (25)-(26). Le procès principal est exprimé habituellement par des verbes de déplacement.

(25) Il **venoit** à nous dix hommes, vingt hommes, que de pied que de cheval, *les gens de pied* lasséz et blesséz, tant de l'outraige que leur avions fait le matin, que aussi des ennemys.COMMYNES, p. 31.

(26) Le jour ensuivant encores **vint** il sur les joustes, *houssé, lui et son destrier, d'un autre nouvel parement... Saintré*, p. 88.

Notes

[1] *La mort le Roi Artu*; Jean D'ARRAS, *Mélusine*; Jean FROISSART, *Chroniques*, tome 14e; Antoine de LA SALE, *Jehan de Saintré*; Philippe de COMMYNES, *Mémoires*, tome 1er.
[2] GREVISSE-GOOSSE : *Le bon usage*, 1986, p. 510.
[3] H.-D. BECHADE : *Syntaxe du français moderne et contemporain*, 1986, p. 327.
[4] M. GREVISSE : *Le bon usage*, 1980, p. 944.
[5] DAMOURETTE et PICHON : *Des mots à la pensée. Essai de grammaire de la langue française*, 1911-1940, §113, §777-§802.
[6] N. FURUKAWA : *Grammaire de la prédication seconde*, 1996.
[7] K. TOGEBY : *Grammaire française*, 1983, vol. III, §1114 ; S. HANON : *Les constructions absolues en français moderne*, 1989.
[8] Otto JESPERSEN : *La philosophie de la grammaire*, 1971, pp. 168-174.
[9] I.-J. CHOI : *Etude des compléments de manière non prépositionnels du typé" les yeux fermés "*, 1991.
[10] « Les constructions absolues romanes », *Archivum Romanicum*, vol. XV, 1931, pp. 411-428 ; *Syntaxe du gérondif et du participe présent dans les langues romanes*, 1934.
[11] MÜLLER-LANCÉ (J.) : *Absolute Konstruktionen vom Altlatein bis zum Neufranzösischen*, 1994 ; YI (Y.-H.) : *Constructions infinitives et participiales prédicatives en français du XIVe au XVIe siècle*, 1996, 2ème partie, ch. I, 1.2.
[12] in *Hommages à Jozef Veremans*, éd. par Decrous & Deroux, 1986, pp. 184-191.
[13] « L'ablatif absolu », in *Revue des études latines*, t. 57, 1979, pp. 340-354.

[14] Y.-H. YI, *op. cit.*, 2ème partie, ch. I, 1.2 et ch. III, 2.1.
[15] Cl. BURIDANT : *Grammaire nouvelle de l'ancien français*, 2000, § 261 ; G. HASENOHR & G. RAYNAUD DE LAGE : *Introduction à l'ancien français*, 1993, § 245 ; G. MOIGNET : *Grammaire de l'ancien français*, 1988, p 205.
[16] *Op. cit.*, p. 477.

Références bibliographiques

I. **Textes dépouillés**
1. XIIIe siècle.
   La mort le Roi Artu, roman du XIIIe siècle, édité par Jean FRAPPIER, Genève, Droz, Paris, Minard, 1964, XXX-311 p.

2. XIVe siècle
   JEAN D'ARRAS : *Mélusine* (1392-1393), publié par Louis STOUFF, Dijon, Bernigaud et Privat, « Publications de l'Université de Dijon, Fascicule V », 1932, XIV-334 p.
   JEAN FROISSART : *Chroniques* (1390-1392), 3e Livre, tome 14e (1386-1388), publié par Albert MIROT, Paris, Klincksieck, 1966, LVI-240 p.

3. XVe siècle
   ANTOINE DE LA SALE : *Jehan de Saintré* (1456), édité par Jean MISRAHI et Charles A. KNUDSON, Genève, Droz, « Textes Littéraires Français, 117 », 1978, XXVIII-340 p.
   PHILIPPE DE COMMYNES : *Mémoires* (1489-1490), édités par Joseph CALMETTE, tome 1er (1464-1474), 3e tirage, Paris, Les Belles Lettres, « Classiques de l'Histoire de France au Moyen Age », 1981, XXXVI-257 p.

II. Ouvrages et articles consultés

BAUSCH (H.) : « Les constructions absolues du participe passé en moyen français », in *Romania historica et Romania hodierna. Festschrift für Olaf Deutschmann*, P. WUNDERLI & W. MÜLLER (eds.), Frankfurt, P. Lang, 1982, pp. 173-182.

BURIDANT (Cl.) : *Grammaire nouvelle de l'ancien français*, Paris, SEDES, 2000, 800 p.

CHOI (In-Joo) : *Etude des compléments de manière non prépositionnels du type " les yeux fermés "*, thèse, Université de Provence (Aix-Marseille I), 1991, VI-366 p.

ERNOUT (A.) & THOMAS (FR.) : *Syntaxe latine*, Paris, Klincksieck, 1959², XX-522 p.

FURUKAWA (N.) : *Grammaire de la prédication seconde*, Louvain-la-Neuve, Duculot, 1996, 167 p.

HANON (S.) : *Les constructions absolues en français moderne*, Louvain-Paris, Peeters, 1989, 425 p.

HASENOHR (G.) & RAYNAUD DE LAGE (G.) : *Introduction à l'ancien français*, Paris, SEDES, 1993², 276 p.

LAVENCY (M.) : « Le paradigme syntaxique de l'ablatif absolu », *Hommages à Jozef Veremans*, éd. par Decrous & Deroux, coll. Latomus, n° 193, Bruxelles, Latomus, 1986, pp. 184-191.

LYER (ST.) : « Les constructions absolues romanes », *Archivum Romanicum*, vol. XV, 1931, pp. 411-428.

Id. : *Syntaxe du gérondif et du participe présent dans les langues romanes*, Genève, Droz, 1934, 395 p.

MEYER-LÜBKE (W.) : *Grammaire des langues romanes*, t. III : *Syntaxe*, traduction française par A. & G. DOUTREPONT, Paris, H. Welter, 1900, XVI-857 p.

MOIGNET (G.) : *Grammaire de l'ancien français*, Paris, Klincksieck, 1988²[1973], 445 p.

MÜLLER-LANCÉ (J.) : *Absolute Konstruktionen vom Altlatein bis zum Neufranzösischen*, Tübingen, Gunter Narr Verlag, 1994, 390 p.

SERBAT (G.) : « L'ablatif absolu », in *Revue des études latines*, t. 57, 1979, pp. 340-354.

TOURATIER (CH.) : *Syntaxe latine*, Louvain-la-Neuve, Peeters, 1994, LXI-754 p.

YI (Yeong-Houn) : *Constructions infinitives et participiales prédicatives en français du XIVe au XVIe siècle* : étude comparée de textes de création et de traduction, thèse, Paris IV-Sorbonne, 1996, 488 p.

YOKOYAMA Ayumi

Le verbe « veoir » chez Robert de Boron
— le témoignage oculaire et la création liturgique du roman —

Dans cet article, en examinant l'usage du verbe « veoir » chez Robert de Boron[1], nous envisageons d'observer comment le système cognitif charpente le récit même. Les contacts visuels et verbaux permettent aux personnages de partager des informations. Plutôt que de partir pour la quête collective d'un secret, ils préfèrent instituer successivement de nouveaux espaces en corps, où nous pourrions réviser les sens précis de voir, de parler et d'aimer, à la lumière de la tradition exégétique. Surtout le *Joseph* met en valeur leurs expériences physiques, telles que des pratiques de « veoir Dieu ». Quelle est la nature de la création littéraire de l'auteur ? Était-ce une pâle copie de l'évangile ?

I. Le geste de « veoir » et le corps

Le *Joseph* compte près de quatre-vingt d'emplois de « veoir » sur 3514 vers, et le *Merlin*, environ 260 des 291 pages de l'édition de Micha. Cette fréquence révèle un vif intérêt de Robert pour cet acte. La structure complexe « veoir que + prop. » montre l'observation et la compréhension de la situation par tel ou tel personnage, de même que dans les autres textes contemporains. Ce sont les phrases simples qui attirent notre attention : la plupart des compléments d'objet sont humains et le narrateur dispose de ce verbe dans le contexte défini. Il donne rarement des sens courants de la vie quotidienne tel que « saper », « rencontrer par hasard ». Lorsqu'il souhaite exprimer la « découverte », il choisit plutôt « trover » ou « esgarder », de même, pour « regarder attentivement », il emploie « regarder ». En distinguant nettement les emplois, il attribue à ce verbe « veoir » uniquement le sens de « percevoir par les yeux pour connaître ou reconnaître l'objet ». Voir, c'est avant tout percevoir quelque chose au moyen de son propre corps et il désigne également par analogie l'écoute et l'odorat. Le dictionnaire de La Curne de Sainte-Palaye donne une définition intéressante, attribuant la forme « veoir » à la vue et la forme lacunaire « voir » aux autres sens[2].

Les gestes perceptifs contribuent au partage des informations et à la connaissance du monde pour les personnages. Aussitôt après la vue, chez Robert, ils manifestent un sentiment. « Et quant Vertigiers les vit, si en fu molt liez (*Merlin 26*, 21-22). » Joie, tristesse, étonnement : la réaction de chacun correspond à ce qu'il conçoit ou peut concevoir par le semblant de l'objet. Nous pouvons y remarquer trois modalités.

D'abord la perception purement physique et superficielle du corps d'autrui, qui entraîne le désir corporel[3].

> Car il <u>vit</u> sa char toute nue, / Dont il ha mout grant <u>honte</u> eüe. / Sa fame nue <u>veüe</u> ha, / A <u>luxure</u> s'abandonna. (*Joseph* vv.119-122)

Adam éprouva du désir sexuel à la vue de sa femme nue, et de la honte à la vue de son propre corps nu. La luxure est d'autant plus impardonnable pour Robert qu'elle ne pénètre pas paradoxalement dans « l'intérieur » spirituel et qu'elle n'aboutit à aucun « sens ».

Ensuite, la perception normale humaine. L'on voit quelqu'un pour le reconnaître, mais pas nécessairement de manière correcte.

> Et Pandragons respont : « Conoistroiez vos jamais cel home, se vos le <u>veez</u> ? » Et Uitiers respont : « Sire, je le conoistroie molt bien, ce m'est avis. » (*M. 36*, 29-32)

Mais Uter n'y arrive pas. Merlin commente ainsi, « Ne conoist pas bien home qui ne conoist que la samblance (*M. 34*, 26-27). » Il préfère ridiculiser les savants et les clercs, qui « sevent maintes choses par force de clergie que nos autres genz ne savons mie (*M. 19*, 47-48) », et qui échouent à trouver la cause de l'écroulement de la Tour de Vertigier. L'érudition cléricale, y compris l'art astrologique, est par essence vaine. Le prophète ne fait pas d'exception même pour son confident Blaise : « Vos [= Blaise] n'estes pas si saiges d'assez com vos cuidiez estre (*M. 14*, 9-10). »

Merlin dit, « Mais ceste gent qui me cuident conoistre ne sevent riens de mon afaire (*M. 34*, 31-32). » Le verbe « cuidier », paraissant une soixante-dizaine de fois dans le *Merlin*, désigne la pensée humaine quasiment fausse. Il dérive du latin « cogito » (< cum agito), « remuer dans son esprit ». Fidèle à l'étymologie, le narrateur charge ce mot d'exprimer la présence d'une image dans le cœur, mais il n'en assure pas la crédibilité. « Les diables », « les soldats » et « le peuple » sont des sujets typiques du verbe.

À l'opposé de l'imperfection humaine se situe l'omniscience de Merlin, qui se caractérise par le « rire » : « quant Merlins vit les messaiges, si rit et dist (*M. 26*, 48-49). » À la vue des messagers il « rit », parce qu'il est parfaitement capable de savoir ce qu'ils sont et ce qu'ils deviendront[4]. Son déguisement démontre la connaissance imparfaite des hommes, « parce qu'ils regardent sans voir et qu'ils écoutent sans entendre et sans comprendre (*Mat. 13*, 13) ».

La troisième modalité de cognition est « aimer ». Nous évoquons la flèche perçant le cœur du Narrateur « par mi l'ueil » dans le *Roman de la Rose*. Pour les hommes tenus par la contrainte stricte du temps et de l'espace, c'est la seule expérience permettant de s'élever dans l'échelle spirituelle. L'auteur y donne une interprétation « possessive » plutôt qu'affective : aimer, c'est désirer avoir l'objet en soi et le garder dans son intégrité ; être aimé, c'est posséder le cœur de celui qui aime. Le corps est le siège de l'âme dans la mentalité médiévale. Isidore de Séville développe le concept d'*homo duplex* (« Interior homo anima, exterior homo corpus »). Accentuant la dichotomie « semblance / senefiance », le *Joseph* et le *Merlin* définissent l'amour comme puissance unifiant les deux. La société elle-même condamne le malentendu humain qui naît du désaccord fondamental du corps et de l'âme.

Le service de Merlin à Uterpendragon se fond sur son amour : celui-là dit, « Je t'ai molt amé et molt t'aim (*M. 78*, 38). » Son « plus haut consoil » est le suivant : « or pensez d'estre prodome de cuer, de coraige et de cors (*M. 45*, 35-36) » et « loyal en soi et en Dieu ». Être loyal en soi, il est libre de mentir, permet aux autres de le saisir tel qu'il est et donc de l'aimer. L'usurpateur Vertigier est au contraire haï du peuple : « Aprés tot ce, sot Vertigiers que il n'estoit mie amez de ses homes (*M. 19*, 24-25).» Le devoir d'un prince, c'est donc se faire aimer.

> [Ulfin] « mais tant voil jo bien que vos sachiez que nus rois ne nus princes de terre ne puet estre trop amez de ses homes : car se il sont prodome, bien se doit vers els humilier por avoir les cuers. » (*M. 70*, 42-46)

Robert de Boron s'imprègne de la pensée augustinienne : l'amour est la condition requise pour l'établissement de la communauté idéale ; l'amour du roi unit le peuple et fait de la nation un « objet » d'amour.

La notion du « corps » jouissait de la première importance au

Moyen Âge[5]. Dans un article intitulé « Pro Patria Mori in Medieval Political Thought »[6], Ernst Kantorowicz illustre l'histoire de la sécularisation de la notion du « corps mystique », qui désignait d'abord le pain de la messe, puis l'Église. C'est au XIIIe siècle que les collectivités politiques se définissent comme « corps mystiques » à l'instar de l'Église. Vincent de Beauvais mentionne par exemple le « corpus reipublicae mysticum ». L'amour du pays, dont les papes et les prédicateurs ont tant profité pour le recrutement des croisés, suppose nécessairement cette incarnation de l'idée de la nation.

Le *Merlin* conclut l'histoire par le couronnement d'Arthur, qui est sage et loyal. Il dit, « Einsi voirement comme Diex est sires de toutes les choses me doinst il force et pooir de ce maintenir que vos avez dit (*M. 91*, 45-47). » L'autorité royale intégrée dans la puissance divine devait être une expression compréhensible et favorite de l'époque. Dans le chapitre suivant nous allons explorer la position idéologique du *Joseph*. Cette préhistoire ou bien protohistoire du Graal, quelle communauté vise-t-elle avec le héros Joseph d'Arimathie, dont l'attribut est toujours obscur ?

II. L'analyse des activités visuelles dans le *Joseph*

[**Tableau 1**] Emplois de « veoir » dans le *Joseph* (extrait)

vers	SUJET	OBJET	EFFET	CITATION
119	Adam	sa chair toute nue	honte	Car il vit sa char toute nue, / Dont il ha mout grant honte eüe.

Le verbe « veoir » chez Robert de Boron

121	Adam	sa femme nue	luxure	Sa fame nue <u>veüe</u> ha, / A luxure s'abandonna.
201	Joseph d'A.	J.-C.	amour	Jhesu Crist <u>vit</u>, et en sen cuer / L'aama mout ;
475	Joseph	J.-C.	pitié	Jhesu <u>vit</u>, sin ot pitié grant / Quant si vilment le <u>vit</u> pendant ;
721	Joseph	la clarté	joie	Et quant Joseph la clarté <u>vist</u>, / En son cuer mout s'en esjoïst.
725	Joseph	le « veissel »	grâce	De la grace dou Seint Esprist / Fu touz pleins, quant le veissel <u>vist</u>
2035	Joseph	Vespasien	reconnaissance de V.	Quant Joseph Vaspasyen <u>vist</u>, / Contre lui se lieve et li dist : « Vaspasyen, bien viegnes tu ! »
380	les disciples	ce (= l'irruption des juifs chez Simon)	effroi	Quant ce <u>virent</u>, si s'effreerent / Li deciple N.S.
610	les disciples	J.-C. ressuscité		qui le <u>virent</u> apertement
615	les disciples	J.-C. ressuscité	reconnaissance de J.-C.	Si deciple l'unt tout <u>veü</u> / Et l'unt tres bien reconneü.
606	les juifs	~~la résurrection~~		Li Juïf ne <u>vooir</u> nou peurent ; (négatif)
500	Pilate	Nicodème	ordonner d'aider Joseph	Ilec <u>vist</u> un homme en present
1501	Pilate	Verrine	se lever (honneur)	Quant la <u>vist</u> venir, se leva / Contre li ;
1502	Verrine	Pilate	s'émerveiller	si s'en merveilla / La povre femme, quant le <u>vist</u>, / De la grant honneur qu'il li fist.
1580	les messagers	la « semblance »	sursauter	Tantost cum la peurent <u>vooir</u>, / Il les couvint touz sus saillir
1669	l'empereur	la « semblance »	s'incliner 3 fois	Quant la <u>vist</u>, trois foiz l'enclina
1680	Vespasien	la « semblance »	guéri	Si que Vaspasïens la <u>vist</u>.
2660	les compagnons de Joseph	le Graal	joie	Car nus le Graal ne <u>verra</u>, / ce croi je, qu'il ne li agree

Nous avons extrait les emplois de « veoir » dans le *Joseph*.

Les compléments typiques sont « Jésus-Christ » et des objets (phénomènes) provenant de Dieu, tels que la « semblance » (= la Sainte Face), le « veissel » (=le Graal), « une grant clarté (v.3108) ». Il n'y a ici aucun désaccord entre la « semblance » et la « senefiance ». Leur semblant est celui qui permet de pénétrer en un clin d'œil le sens divin : Vespasien, au moment de la vue de la Sainte Face, se rétablit de la lèpre[7]. La particularité phénoménologique de la Véronique ne cesse d'intéresser les chercheurs[8]. Grimbert analyse habilement la deuxième partie du roman, qui est la recherche de la vérité par une suite de témoignages[9].

Robert juxtapose l'étoffe et le « veissel ». La première produit, par la vue, une réaction physique chez ceux qui la voient : sursauter, s'incliner 3 fois, guérir, tandis que le second donne de la joie au cœur. La Véronique et le Graal se complètent l'un l'autre, de même que le visage et le corps constituent la personne totale du Christ. Le Graal peut s'identifier au corps du Christ, en tant que récipient du « Sang réel[10] ». Tous les deux furent offerts par Ponce Pilate à Joseph en guise de salaire, « por le loier de ses soldees ». La loyauté du « soudoier » envers son seigneur lui permet de recevoir un don « le plus précieux du monde ». D'après Raoul Ardent[11], la « loyauté » (innocentia) est une vertu complémentaire de la justice. En rendant le juste le « soudoier » fidèle, Robert essaie de justifier sa « possession » du corps. Ce n'est jamais pour exalter la chevalerie, l'interprétation connue de Jean Frappier.

Le passage sur l'épreuve des membres de la compagnie de Joseph (v.2687-) indique clairement la nature de l'objet divin : il

Le verbe « veoir » chez Robert de Boron

suffit de voir le « veissel » pour obtenir la grâce. Les pêcheurs ne sont pas « ceux qui le voient et qui ne le comprennent pas », mais « ceux qui ne le voient pas ». C'est pourquoi ils s'excluent topologiquement de la table et restent « dehors ». L'hypocrite Moïse s'efface aussitôt après s'être assis sur le siège périlleux, puisqu'il ne doit pas voir le Graal, le corps du Christ. Ceux qui ne voient que l'apparence, bref les prisonniers de la luxure, ne doivent pas voir ce qui émane le sens.

Le récit définit les douze disciples comme ceux qui voient le Jésus ressuscité. Avant sa mort, ils « étaient » avec lui, mais ne l'ont pas vu au sens strict du terme[12]. Pendant que Jésus était sur la Croix, ils étaient ailleurs. C'est seulement après la résurrection qu'ils l'ont vu et reconnu. Témoins de la résurrection, ils sont autorisés à fonder l'Église. Les juifs, en revanche, haïssent tellement Jésus qu'ils ne l'écoutent ni le voient. Ils ne peuvent même ni « voir », ni « savoir » la résurrection.

« Pour ce que il si le haoient / Qu'il oïr paller n'en pouoient. » (*J.* vv.1071-72)
[Nostres Sires] Resuscita, c'onques nou seurent / Li Juïf ne vooir nou peurent. (*J.* vv.605-606)

Et enfin, le cas de Joseph. Il voit Jésus vivant, mort et ressuscité. Son privilège consiste en cette triple vue, dont il est lui-même conscient.

« Sire, tout ausi vraiement / Com vif vous vi, mort

ensement, / Si cumme aprés la mort te vi / Vivant a moi paller ausi / En la tour ou fui emmurez. » (*J*. vv.2441-2445)

Sa première apparition est significative pour notre perspective.

Jesu Crist vit, et en sen cuer / L'aama mout ; meis a nul fuer / N'en osast feire nul semblant / Pour les Juïs qu'il doutoit tant. (*J*. vv.201-204)

Il est anonyme jusqu'au vers 269. Il vit Jésus en un lieu, comprit tout et l'aima. Un coup d'œil suffirait pour l'aimer, puisqu'il est Dieu et que Joseph est juste. Il fallait plutôt souligner pour l'auteur qu'il s'écartait de la compagnie de Jésus. Saint Ambrose dit,

> Quid sibi etiam vult, quod non apostoli, sed Joseph et Nicodemus Christum sepeliunt? Unus justus et constans, alter qui erat magister in Israel. [...] nam si apostoli sepelissent, dicerent utique non sepultum, quem sepultum raptum esse dixerunt. (*PL*.15, col.1838-1839)
> *Pourquoi le Christ a-t-il été enseveli par Joseph et Nicodème, non par les disciples? [...] Si les disciples s'en étaient chargés, les juifs auraient sûrement dit qu'ils avaient emporté le corps et prétendu la résurrection.*

Une personne extérieure était nécessaire pour ensevelir Jésus et témoigner de sa mort. Robert interprète ainsi son mérite d'être

Le verbe « veoir » chez Robert de Boron

« un disciple caché », que nous lisons seulement dans l'*Évangile selon Jean*. Joseph, extérieur à la compagnie des apôtres, le voit et l'enterre, bref soigne son corps, tandis que Judas, le plus aimé de Jésus (« Judas, que Diex mout amoit (v.217) »), trahi son corps par le baiser et le « montre » aux ennemis. La lecture intrinsèque du texte fait nécessairement ressortir le contraste entre ces deux personnages, du point de vue des relations avec le « corpus christi ». Mais il faudrait vérifier si cette interprétation du juste aussi orthodoxe que nuancée s'est infiltrée comme le voulait Robert.

III. L'embarras des proses

Voici des passages correspondants en prose. Nous invoquons les 9 manuscrits que nous avons pu consulter[13].

[**Tableau 2**] Comparaison entre VERS et PROSE
VERS
R. (B.N. fr. 20047)
Jesu Crist vit, et en sen cuer / L'aama mout ; meis a nul fuer / N'en osast feire nul semblant / Pour les Juïs qu'il doutoit tant, [4R] (*J*. vv.201-204)

PROSE
C. (B.N. fr.748)
Icil Joseph dont ge vos di, si vit Jhésu en pluseurs leux ; si

l'aama moult en son cuer et si n'en osa faire samblant pour les autres Juis.[14]

D. (B.N. nouv.acq.fr. 4166)
Icil Pilates avoit .I. sien chevaliers et cil sivoit Jhesu-Crist en plushors lieu; si l'ama moult en son cuer et si n'en osoit faire semblant pour les autres yuis. [2B][15]
* < sivre « d'un copiste d'une négligence désespérante » (O'Gorman)

E. (Modène, Bibliotheca Estense, E.39)
[Joseph] servoit Pilate. Jhesucrist em plusors lius et si l'ama molt en son cuer, et si n'en osoit faire semblant por les autres Juïs. [1B][16]
*manque de verbe

F. (B.N. fr.1469)
Cestuy voyt nostre Seigneur Jhesucrist en plusieurs lieux et l'amoyt moult en son cuer, mais il n'en ousoyt moustrer semblant pour le danger des aultres Juifz. [2R][17]

K. (Chantilly, Musée Condé 644)
Cil si vint .ihu. en plusors leus. Si l'ama mult en son cuer. Et si ne ossa fere senblant par les autres. [60V]
* < venir

M. (Le Mans, B.M. 354)
Et avoit .I. sien chevalier saudoier dont li contes parlera assés cha avant. [8R] [...] Et moult était piteus et dous et de grant relegyon et si avoit reçue la créance Jhésu-Crist ; mais il n'en osoit faire samblant, ki li juis l'océyssent. De toutes les bontés qui en homme mortel puent estre, estoit Joseph garnis car il amoit Diu et doutoit. Il estoit piteus et débonaires viers son proïsmes.[18]
*plus proche à l'*Estoire del Saint Graal*

S. (B.N. fr.423)
Icil <u>siv</u> ihesu crit en plusiour lues et si l'ama molt en son cuer mais il n'en ossa faire semblant por les autres juis. [40A]
*forme incomplète

T. (Tours, B.M. 951)
Icist si <u>vit</u> Jesu en plusors leus si l'enama mout en son ceur, si n'en osa fere senblant pour les autres Juïs.[19]

Alors que 3 manuscrits (C, F et T) gardent le verbe « veoir », les autres exposent la difficulté à comprendre qu'avaient les scribes. Ms.M modifie considérablement la phrase ; le verbe manque dans E ; S donne une forme incomplète « siv » ; K donne « vint », normalement le passé de « venir », mais la préposition manque ; et D choisit « sivoit », imparfait de « sivre ».

Il est à noter que toutes les versions en prose ajoutent « en plusieurs lieux ». Joseph était disciple, il a aimé Jésus, pour cela il avait dû l'écouter, le voir maintes fois et rester avec lui. Voici l'interprétation médiocre ou à courtes vues des contemporains de l'auteur. Ils ne savaient que prendre la description pour une phrase de prédication ou de légende biblique au sens normal du terme. La fréquence de contact, surtout « suivre en plusieurs lieux », infirmerait paradoxalement la position singulière du héros que les exégètes nourrissaient depuis le IVe siècle. L. Evdokimova considère dans sa thèse cette modification importante des proses comme « une tentative de réinterprétation de l'original rimé formée sous l'influence des œuvres latines ou, peut-être, de leurs traductions en français[20]. » Nous préférions attribuer l'orientation didactique ou bien la banalisation uniforme de la prose, à la lecture inattentive des copistes, plutôt qu'à la cause extérieure.

Malgré l'embarras des proses, nous trouvons une phrase presque identique dans le *Merlin*.

> Et Uiterpandragons, quant il vit Egerne, si l'ama molt ne onques ne l'en fist semblant se de tant non que il l'esgardoit plus volentiers que nule des autres ; (*M. 52*, 13-16)

Tomber amoureux par la vue est un lieu commun médiéval. Nous trouvons une phrase typique dans *Tristan en prose* : « Celi jor ou l'endemain vit Kehedins la roïne Yseut ; et tele fu sa fortune que maintenant qu'il la vit l'ama il si durement[21]. » Mais la combinaison avec la difficulté de s'exprimer (« ne onques ne l'en fist semblant ») est caractéristique chez Robert. La première rencontre d'Uterpandragon avec Igerne et celle de Joseph avec Jésus, les deux ne sont-elles pas de même nature dans le sens où un coup d'œil suscite l'amour et que la norme sociale interdit l'expression franche de l'intérieur ? Igerne, femme du duc de Tintagel, ne peut pas aimer Uterpandragon. Merlin le déguise donc en son mari, ce qui évite à Igerne de trahir son amour conjugal. Ils s'aiment ainsi physiquement et donnent naissance à Arthur. Si c'est la société qui désaccorde la « semblance » et la « senefiance », il n'y a qu'à en créer une autre qui puisse unifier les deux par la force de l'amour.

IV. Encore « veoir Dieu »

« Veoir Dieu » est le but ultime de la vie chrétienne. Au XVe siècle Olivier de la Marche chante dans son poème *Les cinq sens*.

> Louons ce Dieu qui nous a yeulx donnez, / Dont nous véons toutes choses terrestre ; / Louons la Vierge qui les nous a gardez./ N'en péchons point, et nous ferons assés / Pour veoir Dieu en son glorieux estre ;/ Faisons les œuvres pour seoir à la dextre / De la benoîte et saincte Trinité / Et de Marie que Ihésus a porté [...][22]

Pour en esquisser l'historie des pratiques, nous pouvons citer *Le désir de voir l'hostie et les origines de la dévotion au Saint-*

Sacrement de Dumoutet. Un travail collectif *Voir les Dieux, voir Dieu* nous intéresse également[23].

Et pourtant « personne n'a jamais vu Dieu (*Jean* 1, 18). » É. Gilson dit, « Faire de Dieu l'objet naturel de notre connaissance est, au contraire, une des accusations que les philosophes médiévaux se renvoient le plus volontiers les uns aux autres, précisément parce que le danger est à leurs yeux si grave, que chacun d'eux se flatte d'en avoir triomphé plus complètement que son voisin. Saint Bonaventure le reproche à Grosseteste ; Duns Scot le reproche à Henri de Gand[24]. »

Mais la littérature a profité de sa pleine liberté. Par exemple, *Dialogus miraculorum* de Césaire de Heisterbach rapportant des miracles du Saint-Sacrement a influencé le *Perlesvaus*, où le roi Arthur voit un enfant Jésus dans la chapelle. Les romans du Graal s'enrichissent ainsi, en se convergeant sur « veoir Dieu ».

Alléguons les expressions figurées de « veoir Dieu[25] ». « Se je voie Dieu » est une locution utilisée pour prêter serment ou exprimer ce qui n'arrivera jamais. « Veoir Dieu » sert aussi comme métaphore du comble du bonheur, surtout à la vue de la beauté féminine. « Quant je vous voi, j'ai si grant joie Qu'il m'est avis que je Dieu voie[26]. » Et comme les pêcheurs ne voient pas Dieu après la mort, « veoir Dieu » signifie également « être juste », « être un bon chrétien ». « Heureux ceux qui sont purs en leur cœur, car ils verront Dieu! (*Mat.* 5, 8) » ; « Se tu n'en fes justice, ja ne voies tu De (*Veng. Alix. Jeh*). »

S'il en est ainsi, Joseph le juste, pourquoi ne se passe-t-il pas de voir Dieu, non seulement au paradis, mais sur la terre ? Il est contemporain de Jésus ! Avant la pétition du corps, il a dû voir Jésus, et s'il ne l'avait aimé, il ne se serait pas occupé de l'enterrement. Citons une autre glose d'Ambrose.

> Sepelierunt autem Christum justus, et qui Deum vidit ; non enim sepeliunt Christum, nisi qui Deum credunt. (*PL.*15, col.1840)
> *Mais le juste et celui qui vit Dieu ensevelirent le Christ ; sinon ceux qui crurent en Dieu, le Christ ne fut pas enseveli.*

Le verbe « sepelierunt » est la troisième personne du pluriel et il n'y a qu'à prendre « qui Deum vidit » pour Nicodème. Mais ce maître pharisien est celui qui ne voulait croire Jésus que par les paroles, et lui fit dire, « nous parlons de ce que nous savons, et nous disons ce que nous avons vu, mais vous ne voulez pas accepter notre témoignage (*Jean 3*, 11). » L'éditeur Gabriel Tissot trouve ce passage « surprenant », en proposant la confusion de Nicodème avec Nathanael[27]. Mais n'est-il pas également séduisant d'identifier l'antécédent de « qui Deum vidit » au « justus », malgré la présence de « et » et le verbe au pluriel ? La détermination textuelle d'Ambrose étant hors de notre portée, nous nous limitons à remarquer que ce type de description obscure a pu influer à l'élaboration de l'image de Joseph, le juste « qui vit Dieu ».

V. Nicodème et Joseph

L'analyse des détails du *Joseph* dégage le regard négatif sur Nicodème, qui ne prend pas part à l'enterrement volontairement. C'est Pilate qui le lui ordonne.

> [Pilate] Ilec <u>vist</u> un homme en present / Qui avoit non Nychodemus : / « Allez, dist il, errant la jus / Avec Joseph d'Arymathye ; » (*J.* vv.500-503)

Robert fait d'ailleurs s'enfuir Nicodème après cet acte (v.668), tandis que les apocryphes lui font prononcer un grand discours devant le public juif. La seule mention de sa fuite que nous avons pu relever se trouve dans « Opiniones de hora resurrectionis » de *Scholoastica Historia* (chap.185) de Petrus Comestre.

> Fuerunt qui dicerent Joseph eadem vespera, qua sepelivit Dominum a Judaeis incarceratum, et Nicodemum latuisse [...]. (*PL*.198, col.1637)
> *On disait que Joseph avait été incarcéré par les juifs le soir de l'enterrement de Jésus, et que Nicodème s'était enfui [...]*

Le magister historiarum est conséquent dans ses gloses sceptiques sur le pharisien. La date supposée de *Scholoastica Historia* (vers 1170) a pu permettre à Robert (vers 1200) d'en consulter une copie.

Tamen quia adhuc inflatus erat magistrali scientia non poterat intelligere. (*PL*.198, col.1560)
Parce qu'il était tellement gonflé de la science magistrale qu'il n'a pas pu comprendre.

Une des sources importantes de notre roman est l'*Évangile de Nicodème*, qui rapporte les événements ayant eu lieu après la Passion : la descente en enfer, l'emprisonnement et la libération de Joseph, et la conversion des juifs. Nicodème y est tenu pour le narrateur ou l'auteur : Ms. A de l'édition de Ford dit, « Nichodemus escrist ceste estoire en ebreu et en latin ». Pourtant Ms. I dit, par exemple, «Et tout cest afaire, si com il avoie[n]t veü et oï, conterent Joseph et Nicodemus a Pylate, le provost[28].» et nécessite la collaboration de Joseph, qui a déjà gagné la réputation suffisante de témoin et de narrateur dans les divers récits apocryphes (*Narratio Josephi, Cura sanitatis Thiberii, Vindicta Salvatoris*[29]).

Philippe de Beaumanoir dit :

Donques qui veut dire : « Je le sai de certain », il ne le puet dire s'il ne dit : « J'i fui presens et le vi. » Et ainsi puet on tesmoignier de savoir ce qu'on tesmoigne certainement[30].

La validité du témoignage hantait également Robert.

[les messagers romains] « Encor n'aviens oï touchier / A la force de la besoigne ; / Je weil c'om le voir m'en tesmoigne. » (*J*. vv.1448-1450)

Mais il ne sera pas en auctorité, por ce que tu n'ies pas ne ne puez estre des apostoles, car li apostole ne mistrent riens en escrit de Nostre Seignor qu'il n'eussent veu et oï et tu n'i mez rien que tu en aies veu ne oï, se ce non que je te retrai. (*M. 16*, 96-101)

Une version en prose du *Joseph* précise que l'expérience du juste était inconnaissable et indescriptible.

Tout ensi remest Joseph en la prison, ne d'iceste prison ne prolent pas li apostre ne cil qui establirent les escritures, car il n'en seurent rien fors tant com nostre Sire volt que ses cors li fust dounés. Aucune amor avoit il a lui. Et quant Joseph fu ensi perdus a la veüe del siecle, si l'oïrent bien dire tels i ot, mais il ne volrent pas dire ne parler de lui, car il ne misent onques rien en escrit se cose non qu'il eüssent veüe u oïe, et il n'i volrent rien de ce metre, car il ne l'orent veü ne oï, si n'en volrent pas metre le siecle en doutance de la foi...[31]

Si toute la description du *Joseph* est « vraie », le pharisien n'a rien vu logiquement. Dévaluer son éloquence et sa participation spontanée à l'enterrement, bref les deux éléments assurant sa qualité de « témoin », cela revient à mettre en cause l'écriture fictive de Nicodème. « Parler pour parler » est aussi vain que « savoir pour savoir ». Ajoutons à titre d'hypothèse que la vanité de ses connaissances magistrales a pu donné des idées à former la figure de Merlin, l'omniscient parfait.

Plus Joseph et Nicodème sont contrastés, comme homme d'actes et homme de paroles, plus les expériences physiques du premier paraissent essentielles. Joseph n'a échangé aucune parole avec Jésus vivant. Après la délivrance non plus, il parle très peu excepté lors des discours émanant directement de Dieu. Il dispose le « veissel » devant les yeux de ses compagnons, afin de témoigner de la mort et de la résurrection en public. Les verbes l'entourant sont « veoir », « avoir », « porter », « garder » et d'autres semblables.

Les lecteurs médiévaux auraient éprouvé l'envie irrésistible de faire que Joseph parle et prêche, ce qu'ont fait des prosateurs. Mais Robert s'en garde délibérément, parce qu'il ne veut pas et ne peut pas écrire un « évangile ». Mille deux cent ans après les événements, comment un humble auteur peut-il en « créer » un exemplaire ? Son rejet de « tout » raconter s'explique ainsi. Le seul moyen possible, c'est d'écrire un roman qui ne recourt pas à l'autorité de celui qui écrit, mais à l'autorité de ce qu'il écrit. J.-Ch. Payen (*Le Moyen Âge* 71, pp.423-432) remarque au cours de l'analyse de la phrase du lavement de pied que Robert est « contritionniste » : le sacrement est valide « ex opere operato » (par ce qu'on fait) et non « ex opere operantis » (par celui qui fait). L'insertion délibérée de l'épisode marque bien la nature de son œuvre.

Monsieur Zink a établi une comparaison fructueuse entre Robert et André de Coutances et expliqué l'attitude du premier : « son intention ultime est d'écrire un roman (ou un ensemble romanesque) au sens plus ou moins moderne du mot, dont l'objet, sinon le personnage principal, serait la relique qu'est le Graal[32]. » Pour qu'un récit soit vrai par son contenu, « ex opere operato », rien n'est plus efficace que de développer l'histoire de manière liturgique avec un objet qui évoque le sacrement. Nous récapitulons cette tentative avec J.-Ch. Huchet, en disant, « faire du texte un équivalent du corps saint échappant miraculeusement aux lois de la chair et y trouver une image de sa propre perfection[33]. »

Pourquoi Joseph ? Il est associé dans les interprétations liturgiques au « diacre », qui élève l'hostie et la montre aux fidèles. Dans la description de Honorius[34], le prêtre (sacerdos) dit, « Per omnia saecula saeculorum », tandis que ce diacre (diaconus) « vient » (venit), « élève » (sustollit), « couvre » (cooperit) et « met » (repono) en silence complète, comme Joseph fit au cours de l'ensevelissement. Notre héros du roman non plus, ne prononce aucun mot pendant le service du Graal. Il est par essence celui qui voit Dieu et, par sa possession, celui qui fait voir Dieu.

En guise de comparaison, la *Queste del Saint Graal*, imprégnée des pensées cisterciennes, vise à décrire ce que l'œil n'a jamais vu, ce que l'oreille n'a jamais écouté. Les chevaliers errants atteignent la perception de Dieu par le songe, la vision et la pensé pure. La *Queste* finit par voir Dieu[35], tandis que le *Joseph* commence par voir Dieu et finit par Le montrer.

Saint Augustin dit dans *La genèse au sens littéral* :

Sive cum aliquod corpus sensu corporis tangimus, et continuo formatur ejus similitudo in spiritu, memoriamque reconditur. (*PL*.34, col.473)
Quand nous sentons avec le corps par l'intermédiaire des sens corporels, cette image se voit formée immédiatement dans notre esprit et enregistrée dans notre mémoire.

La scolastique conçoit une forme idéale du langage dans celui des « anges », dont l'extérieur et l'intérieur s'accordent[36]. Mais le langage humain est tellement troublé que nous n'avons qu'à chercher un sujet immaculé pour assurer la perfection mnémonique de nos pratiques littéraires. Au cours de sa réflexion sur la « visio », Thomas d'Aquin définit la « beauté » comme « visa placent » : ce qui se voit et qui plaît[37]. Le Graal est exactement ce qui « A touz agree et abelist (*J.* v.2663) ». Pour la mentalité médiévale, la sainteté est avant tout une expérience corporelle et de jouissance. Robert a ainsi reconstruit l'univers romanesque par « allegoria in factis[38] ».

Notes

[1] Nous attribuons à Robert de Boron *Le Roman de l'Estoire dou Graal* en vers (le *Joseph*) (éd. Nitze, Champion, 1983) et *Le Merlin* (éd. Micha, Droz, 1980). Son rapport avec *Le Didot-Perceval* est douteux. Le premier raconte une version de la Passion augmentée par les apocryphes et l'acquisition par Joseph d'Arimathie du « veissel » contenant le sang du Christ (le Graal). *Le Merlin* commence par l'échec et la contre-attaque des diables.

[2] ex. « Je voy souvent crier Noé », « Voir l'odeur d'une fleur ». J.B.

La Curne de Sainte-Palaye, *Dictionnaire historique de l'ancien langage françois* t.10, Georg Olms, 1972, p.143 et p.183.

[3] cf. « Ils ne pensent qu'à regarder des femmes peu sérieuses ; ils n'en ont jamais assez de pécher (*II Pierre 2*, 14). »

[4] cf. « Le rire de Merlin », Paul Zumthor, *Merlin le Prophète*, Slatkine, 2000, pp.45-47. Il note que « le sorcier éclate de rire au milieu des opérations magiques ». Joseph rit lui-aussi devant Vespasien (*J.* v.2070).

[5] Voir à ce sujet l'article de B.Ribémont, « Un corps humain animé ; un corps humain irrigué : l'encyclopédisme et la théorie du corps », in *Le Corps et ses énigmes au Moyen Âge*, Paradigme, 1993, pp.185-206.

[6] Ernst Kantorowicz, « Pro Patria Mori in Medieval Political Thought », *American Historical Review* 56 (1951), pp.472-492 / Henri de Lubac, *Corpus mysticum*, Aubier, 1944. Nous ajoutons qu'après la diffusion de la notion du « corps mystique » Thomas d'Aquin a adopté une autre définition de l'Église : la « personne mystique ».

[7] Nous trouvons le motif de la guérison par la vue dans les ouvrages précédents tel que *La Vengeance de Nostre-Seigneur*.

[8] cf. Louis Marin, « La description de l'image », *Communications* 15 (1970), pp.186-209.

[9] Joan Tasker Grimbert, « Testimony and "Truth" in Joseph d'Arimathie », *Romance Philology* 44 (1990/91), pp.379-401.

[10] Le dictionnaire de Trévoux suggère d'autres orthographes du « saint graal » : « sang réal » et « sang royal » (*Dictionnaire Universel françois et latin, vulgairement appelé Dictionnaire de Trévoux*, 1771 (Slatkine, 2002), t.4, p.577, « Graal »).

[11] Livre X de *Speculum Universale*. cf. Carla Casagrande & Silvana Vecchio, *Les péchés de la langue*, Cerf, 1981.

[12] Monsieur Zink développe ses réflexions sur le silence de Robert sur la Cène (Michel Zink, « Robert de Boron, la nature du Graal et la poétique du salut », in *Poésie et conversion au Moyen Âge*, PUF, 2003, p.286sq.) Nous nous souvenons au fait du tableau « la Cène » de De Vinci présentant tous les personnages sur une ligne. Ils nous voient et non Jésus lui-même. Loin d'être le vrai témoignage de l'entente mutuelle des disciples, ce descriptif accentue le caractère fictif et cérémonial de la scène que nécessite le dogme ultérieurement.

[13] Je remercie sincèrement Madame Geneviève Hasenohr qui m'a donné conseil pour la consultation de ces manuscrits.
[14] Eugène Hucher, *Le Saint-Graal* I, Slatkine, 1967 (Le Mans, 1875), p.211.
[15] *Ibid.*, p.281.
[16] William Roach, « The Modena Text of the Prose Joseph d'Arimathie », *Romance Philology* 9 (1956), p.316.
[17] Richard O'OGORMAN, « The Middle French redaction of Robert de Boron's *Joseph d'Arimathie* », *Proceedings of the American Philosophical Society* 122 (1978), p.264.
[18] Hucher, *op.cit.*, II, p.45.
[19] *Joseph d'Arimathie*, O'Gorman (éd.), PIMS, 1995, p.43.
[20] Ludmilla Evdokimova, *Livre et roman : l'opposition de la forme-vers et de la forme-prose au XIIIe siècle*, Diffusion ANRT, 1997, p.228.
[21] R. L. Curtis (éd.), *Le roman de Tristan en prose*, III, Brewer, 1985, p.137.
[22] Olivier de la Marche, *Poèmes*, Henri Stein (éd.), A.Picard, 1888, p.222.
[23] Édouart Dumoutet, *Le désir de voir l'hostie et les origines de la dévotion au Saint-Sacrement*, Gabriel Beauchesne, 1926 / Françoise Dunand et François Bœspflug (éd.), *Voir les dieux, voir Dieu*, P.U. Strasbourg, 1999.
[24] Étienne Gilson, *L'esprit de la philosophie médiévale*, Vrin, 1983, p.249.
[25] cf. Tobler-Lommatzsch, *Altfranzösisches Wörterbuch*, « veoir », p.223.
[26] P. Barbazan (éd.), *Fabliaux et Contes*, II 203, 616 (je cite de TL., *op.cit.*, p.223).
[27] Philippe invita Nathanael en disant, « viens et tu verras ». Le second dit à Jésus, « Maître, tu es le Fils de Dieu, tu es le roi d'Israël (*Jean*, 1, 46-).» Il est identifié à saint Barthélemy, un des douze apôtres.
[28] Alvin Ford (éd.), *L'Évangile de Nicodème Les versions courtes en ancien français et en prose*, Droz, 1973, p.41 et p.98.
[29] Voir à la formation historique de ce personnage ma thèse présentée à l'Université de Tokyo, Ayumi Yokoyama, *Joseph d'Arimathie dans*

les romans arthuriens au Moyen Âge, Hiroshima, Keisuisha, 2002 (en japonais).

[30] Philippe de Beaumanoir, *Coutumes de Beauvaisis* II, Picard, 1970, p.139.

[31] Roach, *art.cit.*, pp.322-323.

[32] Zink, *op.cit.*, p.276.

[33] Jean-Charles Huchet, *Essais de clinique littéraire du texte médiéval*, Paradigme, 1998, p.144.

[34] « Dicente sacerdote Per omnia saecula saeculorum, diaconus venit, calicem coram eo sustollit, cum favone partem ejus cooperit, in altari reponit et cum corporali cooperit, praeferens Joseph ab Arimathia, qui corpus Christi deposuit, faciem ejus sudario cooperuit, in monumento deposuit, lapide cooperuit. » Honorius Augustodunensis, *Gemma Animae* in *PL*.172, col.558. cf. Ayumi Yokoyama, « Robert de Boron et les idées eucharistiques », *The Journal of Global and Inter-cultural Studies* 4 (2000), Ferris University, pp.15-27.

[35] cf. Micheline de Combarieu du Grès, « Voir Dieu, ou l'apocalypse du Graal », in *D'aventures en Aventure : "Semblances" et "Senefiances" dans le Lancelot en prose*, CUERMA, 2000, pp.453-476.

[36] Jean-Louis Chrétien, « Le langage des anges selon la scolastique », *Critique* 387-388 (1979), pp.674-689.

[37] cf. Umberto Eco, *Arte et bellezza nell'estetica medievale*, Milano, Bompiani, 1987, chap.7.

[38] cf. Armand Strubel, «" Allegoria in factis" et" allegoria in verbis"», *Poétique* 23 (1975), pp.342-357. La longue réflexion d'Eco sur « allegoria in factis » vaut également la peine d'être lue (*op.cit.*, chap.6).

TAKIGUCHI Hideto

La voix évoquant Dieu : « Dieu, le fils Marie »
— Une étude informatique des textes médiévaux —

Introduction

Ces dernières années, dans le domaine de la littérature médiévale aussi, beaucoup de textes sont informatisés : *Concordance de l'occitan médiéval*[1], en 2000, *Corpus de la littérature médiévale*[2], en 2001. Le choix de texte restant à désirer, une documentation à travers ces CD-ROMs nous donne en effet un nouveau moyen de consulter les textes. On avait l'habitude, jusqu'à maintenant, de feuilleter des pages, ramasser des exemples et les mettre en fiches. Aujourd'hui, l'ordinateur nous offre une facilité et une rapidité de recherches et une efficacité, peut-être.

I. L'apposition de « Dieu »

Dans les œuvres médiévales, l'apposition est parfois considérée comme une cheville.

Avec le mot « Dieu », l'apposition est très souvent employée. J'ai éffectué des recherches dans le CD-ROM, *Corpus de la littérature médiévale*[3], et trouvé 786 exemples d'appositions qualifiant le mot « Dieu ». Parmi ces occurences, on observe de nombreuses répétitions. En tenant compte de la variété graphique, je dénombre 263 utilisations différentes d'appositions.[4]

J'ai regroupé, grosso-modo, ces exemples en 16 catégories. Quand un terme apparaît plus de cinq fois parmi les appositions, je crée une catégorie qui regroupe ces appositions. Le nom des catégories correspond au terme principal des appositions mises en liste à côté du nom des catégories. Les autres appositions sont répertoriées à part.

catégories	exemples	nombre	pourcentage
père	le pere, nostre pere, mon pere...	245	32%
puissant	puissant, le tout puissant...	134	17%
createur	le createur, le createur souverain...	61	8%
roi	le roi, le roi celeste, le roi de majeste...	56	7%
seigneur	nostre seigneur, nostre seigneur Jhesucrist...	39	5%
droituerier	le droiturier...	38	5%
sire	nostre sire...	33	4%
fils Marie	le fils Marie, le fils sainte Marie...	30	4%
misericors	misericors...	19	2%
omnipotent	omnipotent...	11	1%
glorieux	glorieux celeste, glorieux...	10	1%

La voix évoquant Dieu : « Dieu, le fils Marie »

souverain	le souverain, nostre souverain...	10	1%
fils	le fils, le filz incarnacion...	8	1%
grand	le grand, le grand roy...	8	1%
esperitable	esperitable...	5	1%
exemples moins 5	illumineur, non pareille, raememnt, plasmateur...	79	10%
total		786	100%

L'analyse de ces catégories peut-elle nous apprendre quelque chose sur la fonction du terme dans l'apposition?

Le terme « père » est le plus utilisé, or on ne trouve pas de cohérence dans les contextes. Le terme « puissant », non plus. Mais on peut se demander si le choix d'un terme dans une apposition n'est pas dicté par les règles de la versification, de la rime, de la longueur des vers. Il y aurait alors un choix possible dans l'utilisation de l'apposition. J'ai donc cherché une cohérence à appliquer à chaque catégorie et je l'ai trouvée dans le contexte de la catégorie « le fils Marie ».

De cette catégorie unique, j'ai commencé à étudier la manière de structuration, afin de dégager des principes qui serviront à l'analyse des autres catégories.

II. « Fils Marie »

Dans le *Corpus de la littérature médiévale*, avec les variantes du mot « Dieu », j'ai trouvé 66 occurences du « fils Marie » dans l'apposition de Dieu.

Pourquoi les auteurs-jongleurs utilisaient-ils cette apposition pour qualifier Dieu? Il devait y avoir quelques raisons, que nous allons rechercher.

A) le secours

Dans *Ille et Galeron*, à Brun, qui est blessé très grièvement :

> Or le gard Dix, li fix Marie,
> qui mainte gent ara garie ![5]

Aux vers de *Ille et Galeron*, celui qui guérit est Dieu, mais utilisant l'apposition « li fix Marie », on a l'impression que grâce à l'utilisation du nom de Marie, la quantité de secours possible augmente. Gautier d'Arras a utilisé cette expression encore une fois mais beaucoup plus loin dans le récit.[6]

Dans son *Eracle* aussi, lors de la scène de la bataille :

> ...Paiens,
> car devien, por Diu, crestiens
> si croi en Diu, le fil Marie ;
> si en sera t'ame garie.[7]

Ici, comme nous l'avons vu précédemment, la possibilité du secours est mise en question. En utilisant le nom de Marie, la pitié et la miséricorde de Dieu sont évoquées.

Dans *La chanson des Saisnes*, au départ, Sébile prie le roi :

La voix évoquant Dieu : « Dieu, le fils Marie »

> Sire, ce dit Sebile, por Deu le fil Marie
> Et por cele creance que je ai recoillie,
> Se nos avons mestier de secors ne d'aie,
> Que sor nos se revelent la pute gent aie,
> Et nos mandons secors, se ne nos failliez mie.[8]

Dans un autre texte, on trouve la même expression,[9] donc l'apposition n'est pas choisie par le conteur, elle appartient au texte. Sébile appelle au secours désespérément en utilisant non pas Dieu « le Père », ni Dieu « Tout-puissant » mais Dieu « le fils Marie » qui aura pour elle un cœur plein de pitié.

Dans *Continuation de Perceval*,[10] *Aliscans*[11] et *Chanson d'Antioche*[12] etc.[13], on trouve les vingt cas d'expressions exprimant la demande de secours dans des contextes de situations dangereuses. C'est à dire qu'au moment où on a besoin de secours, on trouvera l'apposition « le fils Marie ».

Donc, on peut conclure ici que l'apposition de fils Marie pour Dieu est utilisée quand le secours est demandé. Peut-être parce que la pitié, la "merci de Marie", est importante, on a employé fréquemment dans des scènes de batailles, l'apposition « le fils Marie ».

Examinons maintenant d'autres exemples.

B) vie

Il y a des exemples qui eux, ne signifient pas le « secours ». Par exemple, dans *Chanson d'Antioche* :

> Mais tant i par avoit de le gent de Persie,
> Se or n'en pense Dex, li fils sainte Marie,
> Sempres sera no gent vencue et malbaillie.[14]

Sans appeler véritablement au secours, on évoque seulement les dangers de la vie. Pourquoi a-t-on alors employé l'apposition de Marie ? Sans doute, parce que sans le secours de Dieu, « nous » serions tués. Ici, la vie est en danger, donc, on appellera Marie.

Dans *Raoul de Cambrai*, le roi a dit à Gautelès :

> Se vos i truis, par Dieu le fil Marie,
> A la grant porte, tex en est l'establie,
> La vos pendrai voiant ma baronnie.[15]

La vie de Gautelès est en danger. Le roi parle sévèrement, mais sa générosité est clairement exprimée. Il ne tue pas Gautelès tout de suite, même s'il en a la possibilité. Il ne fait pas pendre Gautelès, parce que la Vierge Marie le lui a défendu. C'est Marie seule qui peut décider du sort des guerriers. Dans ces vers, la pitié de Marie reste cachée, c'est à dire que, quand la vie des combattants est en danger, on trouve une apposition.

Dans la *Chanson de Roland* aussi, l'apposition est utilisée. Charlemagne, découvrant le corps de Roland, se lamente :

La voix évoquant Dieu : « Dieu, le fils Marie » 71

> Ço duinset Deuz, le filz seinte Marie,
> Einz que jo vienge as maistres porz de Sirie,
> L'anme del cors me seit oi departie[16]

Mais l'apposition de Marie est employée non seulement dans les scènes de batailles, quand la vie est en danger.

Ainsi, dans *Aucassin et Nicolette* :

> Por vos sui en prison misse
> en ceste canbre vautie
> u je trai molt male vie ;
> mais, par Diu le fil Marie,
> longement n'i serai mie,
> se jel puis fare.[17]

La vie de Nicolette est en péril. Il n'y a pas chez elle de prières, mais le désir d'être sauvé est clair. Elle est captive en prison et elle se lamente, mais elle ne perd pas l'espoir d'être sauvée. Marie est celle qui tout sauve. Donc l'apposition de Marie est employée.

Dans le *Miracle de Théophile*, Rutebeuf a également utilisé l'apposition :

> Oiez, por Dieu le Filz Marie,
> Bone gent, si orrez la vie
> De Theophile.[18]

Même dans la phrase d'appel très souvent utilisée, le pouvoir de Marie est mis en avant. Dans les autres appositions, j'ai trouvé 28 occurences qui se rapportent à la vie de divers personnnes.[19]

Nous pouvons donc conclure que lorsqu'on se réfère aux dangers de la vie, l'apposition « le fils Marie » est utilisée.

III. Conclusion

Pour conclure je voudrais citer encore 2 exemples qui corroboreraient mon point de vue.

Dans *Berte aus grans pies* :

« Mère » ce dit Berte « Pour Dieu le fill Marie
Vez ci ma douce dame qui souef m'a nourrie » [20]

Et dans *Beuvon de Conmarchis* :

« On m'apele Beuvon, par Dieu le fill Marie ;
Cist doi mi enfant, dont la mere iert marie. »[21]

Ces deux derniers exemples montrent bien le lien familial qui est représenté par l'utilisation de l'apposition « Marie ». Ainsi, il y a 18 occurences qui ne qualifient pas clairement le secours ou la vie dans les contextes.[22] Quand même, dans quarante-huit occurences sur soixante-six de l'apposition de Dieu, avec le terme « le fils Marie », on trouve le sens du secours et/ou de la vie. Ces résultats nous permettent de penser que l'expression de Dieu avec l'apposition « le fils Marie » est probablement utilisée quand le secours et/ou la vie sont mis en question dans un contexte.

Notes

[1] *Concordance de l'occitan médiéval / The concordance of Medieval Occitan* 1 (COM 1), Peter T. RICKETTS, Turnhout, Brepols, 2000.
[2] *Corpus de la littérature médiévale* [CD-ROM], Publié sous la direction de Claude BLUM, Paris, Champion Electronique, 2001.
[3] ibid.
[4] Dans cette première partie, notre recherche ne s'effectue pas d'appositions des variantes du mot « Dieu ».
[5] *Ille et Galeron*, Gautier d'Arras, vv.586-587.
[6] ibid., vv.4238-4239.
[7] *Eracle*, Gautier d'Arras, vv.5747-5750.
[8] *Chanson des Saisnes*, Jehan Bodel, Rédaction R, vv.101-105.
[9] Rédaction LT, vv.5816-5820.
[10] *Continuation de Perceval*, vv. 3683-3685.
[11] *Aliscans*, vv.2660-2665.
[12] *Chanson d'Antioche*, vv.158-160, vv.221-227, vv.2917-2919, vv.6217-6220, vv.7040-7042.
[13] *Première Continuation de Perceval* (Manuscrit E), vv. 2746-2752. ; *Continuation de Perceval*, Gerbert de Montreuil, vv. 13683-13685. ; *Aliscans*, vv.3295-3296. ; *Raoul de Cambrai*, vv.2367-2370, vv.7828-7830. ; *De constant du Hamel*, vv.924-925. ; *Du prestre et du Chevalier*, Milon d'Amiens, vv.961-966. ; *Pelerinage Jhesucrist*, Guillaume de Deguileville, vv.3799-3800. ; *Beuvon de Conmarchis*, Adenet le Roi, vv.1037-1039.
[14] *Chanson d'Antioche*, vv.8746-8748.

[15] *Raoul de Cambrai*, vv.5465-5467.
[16] *Chanson de Roland*, vv.2938-2940.
[17] *Aucassin et Nicolette*, vv.20-25.
[18] *Miracle de Théophile*, Rutebeuf, vv.632-634.
[19] *Chanson de Roland* (éd. 1947), vv.2938-2942 (= éd.1971, vv.2938-2942.). ; *Chanson des Sainsnes*, Jehan Bodel, Rédaction LT, vv.4030-4031., vv.6490-6491. ; *Première Continuation de Perceval*, Manuscrit A, vv.993-1000. : Manuscrit R, vv.1276-1279. : Manuscrit E, vv.1709-1711. ; *Continuation de Perceval*, op.cit, vv.11076-11079. ; *Chanson d'Antioche*, vv.940-943., vv.1577-1580. ; *Miracle de Berthe*, vv.1826-1828. ; *Raoul de Cambrai*, vv.5267-5269., vv.5282-5288., vv.7214-7215. ; *Du prestre et du chevalier*, op.cit., vv.676-678. ; *Roman de Renart* (éd.,1955), Branches VIII, vv.7333-7335. : (éd.,1882,1885) Premier volume VI, vv.63-66. ; *Huon de Bordeaux*, v.9206, vv.9227-9229. ; *Renaut de Montauban*, vv.488-489., v.501, vv.6244-6247., vv.10952-10955., vv.13199-13200.
[20] *Berte aus grans piés*, Adenet le Roi, vv.3151-3152.
[21] *Beuvon de Conmarchis*, op.cit., vv.624-626.
[22] *Chanson de Roland*, vv.1473-1474. ; *Chanson des Saines*, Rédaction AR, vv.3877-3882. ; *Couronnement de Louis*, Rédaction AB, vv.171-173. ; *Eracle*, op.cit., vv.1613-1614. ; *Miracle de l'empereur Julien*, vv.142-146. *Raoul de Cambrai*, vv.4300-4302. ; *Du prestre et du Chevalier*, vv.751-754. ; *Roman de Renart* (éd.1958), Branche XI, vv.12592-12594 (= éd.,1882,1885, Deuxième volume, XII, vv.1134-1136), Branches XVII, vv.15340-15341. ; *Berte aus grans pies*, op.cit., vv.44-46. ; *Huon de Bordeaux*, vv.9178-9180. ; *Renaut de Montauban*, vv.10801-10803., v.11274, v.12009, v.13323, v.13329.

SUZUKI Satoru

Sur le mot *plait*

En lisant le *Roman de Renart*, on est frappé par la fréquence remarquable de l'emploi du mot *plait*. Ce vocable est employé en divers sens, parfois très éloignés de son sens propre et on hésite plus d'une fois à appliquer une définition appropriée à chaque passage où il figure.

Plait de l'ancien français vient du latin *placitum*, participe passé neutre du verbe *placeo*, pris substantivement. En latin classique, il voulait seulement dire « ce qui plaît », « agrément », « satisfaction », « volonté », « désir », « souhait », « décision », « règle », « précepte », « dogme », « ordonnance du médecin ».

C'est en latin médiéval qu'il a pris des valeurs juridiques. Par exemple, Niermeyer[1] en donne 26 définitions, dont la plupart entrent dans le vocabulaire de la juridiction.

Avec cet arrière-plan, *plait* de l'ancien français s'employait surtout au sens juridique. Il fait sa première apparition dans les *Serments de Strasbourg* où il signifie « engagement », « accord » ou

« traité ».

Dans la *Chanson de Roland*, il prend le sens de « assises », « jugement », ou « accord » dans tous les cas sauf au vers 3826.

Par anceisurs dei jo tel *plait* tenir. (v.3826)

Sur ce vers, L. Foulet propose deux interprétations : soit « je dois bien soutenir l'accusation dans ce procès » soit, au sens général, « je dois tenir les propos que voici »[2]. Il s'agit toujours, cependant, d'une scène de jugement à la cour de Charlemagne. Il y a souvent des cas semblables où il est très délicat de trancher nettement. Il existe des cas identiques dans le *Roman de Renart*.

Plait désignait aussi, par métonymie, le tribunal féodal, l'assemblée judiciaire ou politique du haut Moyen Âge.

Puis il s'est spécialisé pour signifier « procès, jugement ». Il a ensuite pris des sens dérivés et plus étendus. Au pluriel, *tenir plaids* voulait dire « tenir audience », il tendait à être employé de plus en plus dans les provinces et les juridictions inférieures.

D'après A. Rey[3] il a « disparu comme les institutions qu'il désignait. »

Notre substantif, cependant, a survécu, à grand-peine, jusqu'à la fin du XVIIe siècle, bien que déjà vieilli à cette époque. Le dictionnaire de Furetière note sous l'artidcle de *plaid* : « Vieux terme de Pratique qui signifie, débat, question », et quant à son emploi au pluriel il précise : « Au pluriel, se dit des lieux & des temps où on plaide. » Et d'après le *Dictionnaire de l'Académie* de

Sur le mot plait

1694, il s'emploie surtout « dans les Provinces et dans les justices inférieures ». Dans les *Plaideurs* de Jean Racine, dont l'action se déroule en Basse-Normandie, le terme *plaids* apparaît deux fois, toujours dans la bouche du petit Jean, serviteur de Dandin, personnage principal, auprès du mot *procès*, assez fréquent. Ce que déclare le petit Jean dans la pièce fait bien allusion à la position sociale de son patron.

> Il (= le fils de Dandin) nous le fait garder jour et nuit, et de près :
> Autrement serviteur, et mon homme est aux *plaids*. (v.42)

Mais revenons à notre *plait* de l'ancien français.

On relève 54 exemples de *plait* dans le *Roman de Renart* de notre édition[4] d'après le groupe γ. Il va sans dire que *plait* s'emploie le plus souvent avec des valeurs juridiques, mais il y a aussi d'autres exemples qui n'ont aucun rapport avec la juridiction.

Gunnar Tilander, dans son *Lexique du Roman de Renart*, attire notre attention sur l'usage figuré de *plait*. Examinons ces significations variées, en citant les exemples de notre édition.

D'abord, exemples de *plait* au sens de « mauvais tour » ou « tromperie ».

Il est souvent accompagné de l'épithète *mauvais*.

> Qar je sai qu'il avoit tant fet
> Vers son seignor maint mauvés *plet*. (v.8434)

Par nos ordres, je ne puis croire
C'onques Renart a son provoire
Vosist fere nul mauvés *plet*. (v.13301)

Puis deux exemples sans épithète.

Mes n'a pas bien fet la besoigne
Ne le mesage le roi fait,
Car trop savoit Renart de *plait*. (v.19534)

Dist ele : « Cist set mout de *plet*. » (v.27464)

Il y a aussi des emplois qui désignent « affaire », « chose ».

A tant let li vilains le *plet*, (v. 9357)
Et maintenant au coc s'en vait ...

... a juré par saint Germain
Et par les sains que illuec voit
Que de cel *plet* nul tort n'avoit. (v.15230)

Tybert, lessiez ester cest *plait*. (v. 20406)

Le même emploi de ce mot se trouve déjà dans la *Vie de saint Alexis* du MS. L, au vers 49 :

Sur le mot plait

>Danz Alexis l'épuset belament,
>Mais de cel *plait* ne volsist il nïent :
>Du tut en tut ad a Deu sun talent[5].

Voici encore des exemples de *plait* désignant cette fois « situation » fâcheuse ou favorable selon des cas.

>Or est li *plez* mout enpiriez (v.15171)

>Or a Ysengrin mauvés *plait*. (v. 15372)

>Dist li vilain : « Ci a bon *plet*. » (v.7944)

Dans le passage suivant, *tenir plait de* veut dire « tenir compte de » :

>Se il a volentiers foutu,
>L'en n'en doit tenir *plet* ne conte. (v. 24977)

Il forme un complément circonstanciel de manière avec des prépositions :
>*a nul plait* = en aucune manière, nullement.
>Ysengrin ai je tant forfet
>Que nel puis veer a nul *plet*. (v. 6696)

Les locutions avec la préposition *sans* dans les citations

suivantes ont le sens de « sans rien dire », « sans faire de tapage » ou « sans perdre de temps ».

Je m'en irai a son recet
Trestout belement et sanz *plet*. (v.21934)

Mesire Frobert sans nul *plet* (v.24789)
Esgarde le coup qu'il a fet.

A tant ont le serement fait
Devant le roi sanz plus de *plait*. (v.22684)

Mais pourquoi ce mot avait-t-il tant de significations aussi éloignées du sens propre ? On peut reconstituer jusqu'à un certain point son développement sémantique.

Dans une discussion entre deux personnes A et B, par exemple, si ce que A veut faire ou réaliser est acceptable à B, il correspond à « accord », « consentement ». Si non, A entre en conflit avec B ; il devient alors « procès », « querelle ». Que ce soit une négociation pacifique ou non, il s'agit d'un échange de paroles, d'où le sens de « discussion », « paroles », « langage » et aussi « tapage », « bruit ». Mais on peut avoir recours à la force, à la violence pour réaliser sa volonté ; en ce cas, un *plait* aboutit à un combat. Pour mener à bien son *plait*, il faut user plus ou moins de tactiques, d'astuces, d'où le sens de « tromperie », « mauvais tour » et ainsi de suite. Un même mot peut désigner divers aspects d'un même objet d'expression.

Sur le mot plait

On peut conceptualiser un objet d'expression soit au niveau concret soit au niveau abstrait ou général. Il faut aussi tenir compte de notre manière habituelle de penser métaphoriquement. Si nous trouvons quelque chose de commun entre deux objets d'expression, nous désignons de façon naturelle et inconsciente l'un de ces deux objets par le mot qui renvoie en principe à l'autre. C'est ainsi que, en parlant d'une discussion violente, celle-ci est facilement associée à un combat et on dira : « Au cours du débat, Monsieur X a attaqué tous les points faibles de l'argument de Monsieur Y », etc., en utilisant le vocabulaire militaire. J'ai cité cet exemple du livre *Metaphors we live by* de George Lakoff et Mark Johnson qui ont souligné le rôle important du métaphor, d'un métaphor inconscient dans le langage quotidien.

Pourquoi alors ces emplois figurés de *plait* si souvent rencontrés dans les textes médiévaux, ont-ils disparu ?

Il est difficile, il faut l'avouer, de tirer une conclusion qui justifierait incontestablement leur disparition. On se bornera donc à situer le *plait* dans son paradigme sémantique, en le plaçant parmi ses concurrents.

Au sens propre, c'est à dire dans son usage juridique, il avait autour de lui *cause, ochoison, affaire, clamor*, etc. Bien que son verbe *plaider* soit encore bien vivant, *plait*, lui, a cédé sa place à *procès* (depuis XIIIe s.) et à ses dérivés *plaiderie* (attesté au XIIe s., vieilli vers la fin du XVIIe s.), *plaidoi(e)rie* (depuis XIVe s.), *plaidoiié, plaidoyer* (depuis XIVe s.).

Et qu'en était-il alors de ses emplois au figuré ? Examinons par exemple son champ sémantique au sens de « tromperie », « mensonge » ou « mauvais tour ».

Une fois sorti de son propre domaine sémantique, *plait* est entouré, on s'en aperçoit très vite, de nombreux concurrents. La richesse du vocabulaire de la tromperie est frappante, surtout dans le *Roman de Renart*. A côté de notre vocable en question, le *Roman de Renart* nous offre, pour ne citer que des synonymes qu'on peut se rappeler aisément, *abet, barat, bole, conchiement, engin, erlue, falue, favele, falorde, frape, guile, lobe, loquele, treslue, voisdie* etc., etc. Parmi eux, certains rivalisent de fréquence avec *plait* ; *bole* (*boule*) apparaît plus de dix fois, *guile* plus de vingt fois et *engin* plus de cinquante fois. Il va sans dire que ce dernier mot s'applique également à la machine de guerre, mais dans le *Roman de Renart* il s'emploie le plus souvent au sens de tromprerie.

On pourrait dire, certes, que la grande variété de mots se rapportant au "mauvais tour" vient de la contrainte de la rime, ce qu'indique la fréquence de leur apparition à la fin des vers, mais il n'en est pas moins évident que chaque auteur des branches a cherché à transcrire l'expressivité de la tromperie en utilisant tour à tour ces nombreux vocables. Et c'est dans cet environnement que *plait* devait trouver son meilleur effet expressif.

Dans les autres domaines sémantiques aussi, *plait* se trouvait dans une situation à peu près semblable.

Il rivalisait avec *cause, ochoison, parole, raison, araisnement, deraisnement, affaire, conte* (compte), *en tel estat, en tel point, por nule guise, por nule raison*, etc., etc. Il était ainsi entouré d'autant

Sur le mot plait

plus de rivaux qu'il était polysémique.

J'ajouterais quelques mots sur la combinaison de *plait* avec les adjectifs.

En contraste avec son caractère polysémique, *plait* est pauvre en épithètes. A l'exception des mots-outils tels que *autre, cest, nul, tel*, etc., il n'est déterminé que par *bon, grant, long, mauvais*. Il apparaît le plus souvent sans épithète. En parcourant en diagonale l'article de *plait* du dictionnaire de Tobler-Lommatzsch[6], j'ai trouvé seulement une fois *hontos*, (*faire hontos plait*), *doloros* (*mout i a ici doloros plait*), *riche, souvrain* (*riche plait, souvrain plait*).

Dans un contexte tout à fait étranger au jugement de Renart, on trouvera *mortel plait* (*haïr de mortel plait*) pour signifier « haïr quelqu'un à mort, mortellement, jusqu'à lui souhaiter la mort ». Cet exemple n'est pas cité par Tobler-Lommatzsch. Ailleurs, la même idée s'exprime par *haïr de mort* ou comme aujourd'hui *haïr mortellement*.

Qar il le het de mortel *plet*. (v.13288)

Renart le rous, que tant haons
De mort, ... (v.425)

Or pouez bien de fi savoir
Que Tybert si me het de mort. (v.20399)

Voici dans les grandes lignes la situation sémantique où se

trouvait le substantif *plait* en ancien français.

Le jugement de Renart, principal thème du *Roman de Renart*, facilitait l'usage fréquent du mot *plait* au sens propre comme au sens figuré. Mais, en dépit de son apparente prospérité, ce vocabe a graduellement cédé la place, et ce déjà au cours du Moyen Âge, à ses dérivés dans le domaine juridique. Ce rétrécissement sémantique aurait entraîné le déclin de son emploi figuré.

Notes

[1] J. F. Niermeyer, *Mediae Latinitatis Lexicon Minus*, Brill,1976, p.801.
[2] J. Bédier, *La Chanson de Roland (commentaires)*, Ed. Piazza, 1968, p.485.
[3] A. Rey, *Dictionnaire historique de la langue française*, Dictionnaires Le Robert, 1992, p.1535.
[4] N. Fukumoto, N. Harano, S. Suzuki, *Le Roman de Renart*, France Tosho, 1983-85. Pour l'occurrence des mots j'ai consulté Nonoru Harano, Shinya Shigemi, *Concordance du Roman de Renart d'après l'édition* γ, Keisuisha, 2001.
[5] M. Perugi, *La Vie de saint Alexis*, Collection TLF 529, Droz, 2000, p.168.
[6] A. Tobler, E. Lommatzsch, *Altfranzösisches Wörterbuch*, sub verb. *plait*.

Textes consultés.

N. Fukumoto, N. Harano, S. Suzuki, *Le Roman de Renart*, France Tosho, 1983-85.
M. Perugi, *La Vie de saint Alexis*, Collection TLF 529, Droz, 2000, p.168.

Bibliographie sommaire

J. Bédier, *La Chanson de Roland (commentaires)*, Ed. Piazza, 1968.
N, Harano, S. Shigemi, *Concordance du Roman de Renart d'après l'édition* γ, Keisuisha, 2001.
J. F. Niermeyer, *Mediae Latinitatis Lexicon Minus*, Brill,1976.
A. Rey, *Dictionnaire historique de la langue française*, Dictionnaires Le Robert, 1992.
G. Tilander, *Lexique du Roman de Renart*, Honoré Champion, 1971.
A. Tobler, E. Lommatzsch, *Altfranzösisches Wörterbuch*, Franz Steiner Verlag, 1925 – 2002.

SETO Naohiko

Li vus que Nicodemus fist : saint Vout et saint Genet

Nous nous proposons ici de mesurer l'import de l'expression *li vus que Nicodemus fist*, principalement dans la littérature médiévale française. Nous comptons engager cet examen notamment à travers les textes en ancien français, car le problème suscité par la table du chansonnier occitan C (BNF. fonds français 856) a déjà été abordé par nous-même dans un article qui va paraître bientôt[1].

L'historien de l'art Louis Réau a distingué deux groupes parmi les prétendus portraits du Christ qu'on a représenté à défaut de reliques corporelles « authentiques » au sens propre : les images « achiropoètes », obtenues par empreinte directe du visage ou du corps tout entier (comme le Voile de sainte Véronique, le Saint Linceul de Turin) et les images « chiropoètes », faites de main d'homme, exécutées en principe de mémoire, par un peintre ou un sculpteur[2]. Le saint Vout de Lucques est l'une de ces dernières.

La légende du sait Vout, évoquée dans les documents littéraires, dont la mention la plus célèbre se trouve dans la

Divina comedia de Dante (*Inferno*, XXI, 48), a été magistalement examinée par Wendelin Foerster en 1907[3]. Et puis, en 1962, Jean Renson, lexicologue belge, à l'intérieur du sa vaste étude sur les dénominations du visage dans les langues romanes, a minutieusement envisagé le terme *vout* désignant le « visage ». Il a profité de l'article VŬLTUS du FEW, tome 14, paru en 1961[4]. Cela signifie-t-il que l'enquête ne mérite plus d'être entreprise ? Nous croyons que, grâce aux textes et lexiques nouvellement entrés en usage, il ne sera pas hors propos de faire ici un classement des informations, fournies depuis lors dans les notes et glossaires de différents textes édités, et de reprendre le problème en mettant à l'épreuve les remarques accumulées jusqu'à maintenant.

I. Les légendes greffées

Parmi les textes assez nombreux qui évoquent la légende du saint Vout, on peut considérer comme le plus représentatif l'exemple suivant tiré de la chanson de geste *Aliscans* : dame Guibourc incite son frère Renoart à s'engager contre les sarrasins dans l'armée de son mari Guillaume au court nez. Le narrateur de l'œuvre fait soudainement une digression de plus de 20 vers : à ses auditeurs, il rappelle la légende pour quémander de l'argent.

  Prodom ne doit jugleor escouter 4760
  S'il ne li velt por Deu del suen doner,

Li vus que Nicodemus fist : saint Vout et saint Genet

>Car il ne set autrement laborer.
>De son servise ne se puet il clamer ;
>S'en ne li done, atant le laisse ester.
>*Au vout de Luque* le poez esprover,   4765
>*Qui li gita de son pié son soller* ;
>Puis le covint chierement racheter.
>Les jugleors devroit on mout amer :
>Joie desirrent et aiment le chanter.
>L'en les soloit jadis mout henorer.[5]   4770

Le jongleur, récitant ces vers, se réclame du « vout de Lucques qui lui jeta son soulier de son pied ». Selon Joseph Bédier, qui suivait dans les grandes lignes l'étude de Foerster, une version du miracle concernant le saint Vout rapporte la légende suivante : après l'Ascension du Christ, Nicodème, pharisien devenu disciple, et qui avait aidé Joseph d'Arimathie à l'ensevelissement (*Evangile selon saint Jean* : 19-38~42), a voulu sculpter de mémoire l'image de son Maître tel qu'il l'avait vu sur la croix. Ayant taillé dans le bois la croix et le buste, il s'efforçait en vain de se rappeler les traits du Sauveur, quand il s'est endormi. A son réveil, la sainte tête avait été miraculeusement achevée. Sur un ordre céleste, il a jeté ce crucifix à la mer ; les flots l'ont déposé au port de Luni en Italie, d'où on l'a transféré à Lucques, ville voisine[6].

Ce saint Vout, appellation dérivée de SANCTUS VULTUS, est en effet un crucifix de bois, de style byzantin, barbu et vêtu d'une longue robe appelée *colobium*. Pour défendre ses pieds contre les baisers voraces des fidèles, les Lucquois eurent l'idée de les chausser de sandales d'argent[7]. Le Crucifix, qui est appelé *Il Volto Santo* encore aujourd'hui en italien, exposé depuis le XVe siècle et encore conservé dans le Duomo de saint-Martin à Lucques (*tempietto* octogonal *del Volto Santo* commandé au sculpteur Matteo Civitali), n'en est qu'une reproduction datée du XIe ou XIIe siècle[8]. Reproduit sur les monnaies de Lucques, il est l'emblème de la cité, voire l'image tutélaire de la ville, fêté tous les ans lors de la grande Luminnaria du 13 septembre, le jour où L'Eglise célèbre l'exaltation de la Croix.

Sur cette légende il s'en était greffée une autre. Nous voudrions emprunter un beau passage de Bédier : un jour, un jongleur avait chanté à Lucques, sur les places, tout le long de la journée, sans recueillir un denier. Las, ayant faim, il entra dans l'église, s'agenouilla devant le saint Vout et se mit à jouer de la vielle. En récompense, le crucifié lui jeta l'un de ses souliers. L'évêque de Lucques reprit le soulier et le remit au pied du Christ ; mais la merveille se renouvela et l'église fut obligée de racheter à grand prix au ménestrel la relique précieuse[9]. Or ce jongleur, qui n'est pas nommé dans les vers d'*Aliscans*, n'est autre que Jenois ou Geneys (Gènes, Genet), à qui est assignée une pièce religieuse dans la table d'un chansonnier occitan, ainsi qu'au-dedans du prologue d'un conte en ancien français *Venjance Nostre Seigneur* (vv.385-509), publié minutieusement par Foerster[10]. Un homonyme du ménestrel, Gènes (Genest) était un comédien romain. Il jouait un jour sous le règne de Dioclétien dans une pièce qui ridiculisait le baptême chrétien : il

Li vus que Nicodemus fist : saint Vout et saint Genet 91

tournait en dérison les mystères sur scène pour flatter l'empereur. Tout à coup cependant, illuminé par la vérité du christianisme, il s'est déclaré converti à la foi nouvelle. Il a été battu de verges et livré au supplice. En outre, cette conversion soudaine a entraîné sans délai sa condamnation à mort[11]. Sur cette légende, on peut se rappeler le *Véritable saint Genest* (1646), tragédie de Jean Rotrou, ainsi que *Saint Genet, comédien et martyr* (1952) par Jean-Paul Sartre.

Donc on est en présence de deux légendes et d'un martyrologe, originairement différents : le saint Vout sculpté par Nicodème, un pauvre jongleur enfin récompensé et un comédien converti et martyrisé.

Les jongleurs de France tiraient gloire de ce miracle hybride. Il est certain que les jongleurs transalpins, fiers de leur propre *Légende dorée*, avaient propagé ces anecdotes en France ; de fait, on peut en repérer des traces dans différents ouvrages littéraires et artistiques. Guessard et Monatiglon, éditeurs du XIXe siècle d'*Aliscans*, ainsi que le dictionnaire de Trévoux de 1771 (l'article *voult* ou *vout*), ont affirmé qu'il y avait une copie de la statue de Lucques à l'église du Saint-Sépulcre de Paris (qui se trouvait près de la rue Saint-Denis), que le peuple appelait *saint Vaudeluques, saint Vaudelu* ou *saint Godeleu*. C'était en effet une colonie lucquoise de Paris qui avait fondé la Chapelle du Saint Vout dans cette église[12]. En effet, la « Confrérie du Volto Santo » a été fondée en 1343 par un riche lucquois Hugues Bellon (Belloni) dans la nouvelle église du Saint-Sépulcre[13]

Emile Mâle a précisé que ce qui faisait l'originalité du Christ de Lucques, c'était qu'il n'était pas nu : l'artiste l'avait représenté sur la croix avec une longue robe serrée à la taille[14]. Selon Mâle, ce Christ crucifié avec une robe avait déjà quelque chose d'étrange au XIIe siècle. On lui attribuait des miracles d'autant plus qu'il frappait les imaginations. Les copies de cette statue n'ont pas dû être rares dans les églises de France, mais ces images si peu conformes à la tradition, ont vivement choqué le clergé si raisonable du XVIIe siècle, de sorte que beaucoup de ces vieux souvenirs en bois revêtus de plaques d'argent (comme à Saint-Pierre d'Angoulême et à Saint-Martial de Limoges) ont disparus alors. Nous pouvons en voir une encore, dans une des chapelles de la cathédrale d'Amiens, mais en général c'est seulement dans des provinces reculées, comme dans les montagnes du Roussillon, que se sont conservées ces copies de saint Vout.

II. De divers sens de *vout* en ancien français

Ernest Hoepffner, dans son article « La *Philomena* de Chrétien de Troyes », contribution célèbre reprenant la thèse de Cornelis de Boer sur l'attribution de ce roman à Chrétien de Troyes, a avancé, au sujet de *vout* employé une fois (v.94) dans l'œuvre, que ce vocable n'est pas seulement fréquent chez Chrétien mais aussi courant au XIIe siècle dans le sens primitif de « visage ». Il a ajouté que ce terme perd de plus en plus sa signification première à partir du siècle suivant au profit de *vis, viaire, visage* et *face,* pour être réduit surtout

Li vus que Nicodemus fist : saint Vout et saint Genet 93

au sens d'« image figurée (un *vout* de cire) »[15].

Et pourtant, même au XIIe siècle, ce terme apparaît d'une manière « fort clairsemée », selon Jean Renson[16]. Le lexicographe belge, ayant dépouillé cinq cent vingt-trois textes français, a démontré que le *vout* n'occupe que 0,5 pour cent (82 attestations) parmi la fréquence totale des mots désignant le « visage », ce qui est très peu par rapport aux autres : *visage* (42,66%), *face* (17,75%), *vis* (16,41%), *chère* (10,46%), *figure* (8,26%), *viaire* (2,72%), *façon* (1,20%). Le tableau qu'il a mis en fin de volume (« Fréquence synchronique »)nous permet de constater que même au XIIe siècle, la part du *vout* n'atteint que 1,87 pour cent (42 attestations) contre *vis* (50,13%), *chère* (17,23%), *face* (15,13%), *visage* (6,09%), *façon* (4,08%), *viaire* (4,71%), *figure* (0%).

Des statistiques de cette étude, on peut donc estimer avec certitude que le *vout* se montre assez peu attesté en français. Mais il est à remarquer que, selon Renson, ce mot a une histoire assez mouvementée qui, du sens originaire de « visage », le mène à celui de « figurine servant à l'envoûtement » ; l'emploi de *vout* dans la formule *le saint vout de Lucques* était, à coup sûr, la cause de ce glissement sémantique[17]. Dans ce qui suit, nous allons examiner cette évolution du sens.

Consultons d'abord le FEW 14, 648a-b. Le lemme VŬLTUS « antlitz » comporte deux sens principaux : I, 1 : *vout* « visage, traits » (ancien français, moyen fraçais, ancien occitan, depuis *Psautier de Cambridge* (circa 1120) jusqu'au XIVe siècle) et I, 2 : *voult* « figure de cire qui représentait celui qu'on désirait tuer, en la piquant » (moyen français, circa 1300-1382)

Le sens premier est suivi de l'expression *volt de Luche* « sainte face vénérée dans la cathédrale de Lucques » (XIIIe-XIVe siècles) et de *vau de Luques* (XIVe-XVe siècles) accompagnée d'une note expliquant la légende, qui réfère aux études de Foerster. A cela s'ajoutent *vaudeluc* « propre à rien, chenapan » (dialecte du Chablis) et *vaudeluque* « orgueilleux qui, au fond, n'a que l'extérieur » (dialecte du nord-est) Et puis viennent une autre locution en ancien français *vout du crucifis* « crucifix » et un sens dérivé de *vout* « image sainte » en ancien occitan et « toute image figurée » en moyen français (circa 1290-XVe siècle). A la fin, *lo saint voût* « la sainte face » en ancien dialecte d'Aosta[18].

Le sens 2 est suivi du verbe *envoûter* quelqu'un « représenter quelqu'un par une figure de cire, à laquelle on fait souffrir les maux qu'on veut faire retomber sur la personne même » (en français depuis XIIIe siècle), et surtout en français moderne « séduire comme par une action magique, subjuguer (quelqu'un) » (depuis circa 1890). On y adjoint les termes dérivés comme *envouteure, envouture, envoûteur, desvoulter, desvoultement.*

L'article du FEW, d'ailleurs assez laconique mais substantiel, que nous venons de retracer brièvement, est terminé par un commentaire : le latin VŬLTUS, qui subsiste en italien et en ancien bas-engadinois comme *volto* et *vout*, aussi bien que dans le gallo-roman, se conserve en France surtout dans le domaine religieux. Selon le sens I. 1, il s'agit d'une expression sur le visage de Dieu ou des saints, ou bien d'un vœu particulier qu'on veut accomplir.

Li vus que Nicodemus fist : saint Vout et saint Genet

S'étant servi de ce terme pour désigner la représentation du vœu, on a modifié le sens originaire pour « ensorcellement (envoûtement) des personnes ».

Ce commentaire, tout en expliquant comme toujours dans le FEW la structure de l'article, a cet inconvénient que l'évolution des divers sens n'est pas très claire. Certainement, en tant que "méta-dictionnaire", il rassemble en fait des renseignements accumulés des dictionnaires et lexiques précédents : Trévoux, La Curne de Sainte-Palaye, Godefroy etc.. Entre autres Godefroy (t.8, pp.298a-299a) a déjà recueilli bien des exemples de *volt* (*vult, vout, vou, vot, veu, vuoult, voul*) pour pouvoir en dresser ce classement en neuf sens :

1 : visage, traits (25 attestations)
2 : image (1 attest.)
3 : *volt a volt* (1 attest.)
4 : sortilège d'envoûtement : figure de cire qui représentait celui qu'on désirait blesser ou tuer en la piquant (4 attest.)
5 : toute espèce d'image figurée (2 attest. de *vout de cire*)
6 : l'expression : *Le vou de Lucques* (5 attest.[19])
7 : le toponyme : *Saint Pierre au volz, a vous* (4 attest.)
8 : forme (1 attest.)
9 : bourrelet (1 attest.)

Jean Renson, de son côté, ayant affirmé que le terme subit une évolution rapide qui l'éloigne de son sens premier, a rangé les emplois de *vout* en quatre ou cinq sens, dérivés non compris[20] :

1 : visage
2 : image
3 : figurine de cire servant à l'envoûtement
4 : forme (il s'agit peut-être de la forme masculine de *voûte* < VOLUTUS)
5 : *Saint-Pierre-au-Vout* (église de Metz) (à Godefroy il ajoute 4 attestations des Archives de la Moselle)

Le tome 11 de Tobler-Lommatzch (fascicule 92, paru en 2002, col. 785-788), la plus récente des études concernant le *vout (volt, vau)*, vient de diviser en cinq les emplois de ce terme[21] :

1 : visage
2 : visage de Dieu
3 : *saint Vou(t) de Luques* (7 atttstations ; aussi employé en tant que formule de serment : 1 attestation)
4 : *vout de cire* « Votivbild (représention de vœu) »
5 : *vout [de cire]* « Abbild aus Wachs, die Person darstellend, die man töten oder verletzen wollte, indem man den vout beschädigte » (cf. *envouter* « behexen »)

Ce classement nous paraît le plus simple et le meilleur. En laissant de côté les exemples où *vout* a son sens étymologique, on va commencer par examiner l'expression de *vout de cire* dans les textes littéraires.

III. *Vout de cire* : figure de qui ?

Le conte LXX (59) de la *Vie des pères* intitulé : *De la fame a qui Nostre Dame rendi sa veüe*, raconte l'histoire d'une noble femme qui, rendue aveugle à cause des péchés qu'elle avait commis par sa beauté, a fait le pèlerinage à l'Eglise Notre-Dame de Rocamadour. Tout près de l'église, grâce à Notre-Dame, pour avoir fait dévotement la prière, elle a recouvré la vue. Mais elle ne pouvait pas entrer à l'intérieur de l'église. Le prêtre lui a conseillé de confesser tous ses péchés : « Belle créature, je sais bien que de ces belles tresses de cheveux, tu as fait de grandes détresses aux hommes à qui tu les avais montrées. Je te recommande de couper tes cheveux et d'en faire offrande, ce qui te permettra d'entrer. »

>   Cele ne l'osa contredire,
>   si l'otroia : « Or soit, biau sire! »
>   Les treces li firent couper   29256
>   et li prestres les fist porter
>   avec les autres el mostier.
>   Une perche ot a cel mostier
>   ou l'en metoit treces de fames   29260
>   qui voloient sauver leur ames.
>   Pour eulz despire le fisoient.

Li fer au prisonnier estoient
la pendu, et *les vos de cire* ; 29264
molt en i ot en une tire.
Atant li prestres cele moine
en l'eglise sanz nule poine ;
a l'autel Noste Dame vint, 29268
illec une piece se tint,
s'offrende fist et s'oroison,
puis la menerent en meson
a un ostel, illec disnerent 29272
et pui aprés s'acheminerent,
si ont le droit chemin tenu
einsi com il furent venu[22].

Ce qui nous intrigue, ce sont les *vos de cire* qu'on a pendus sur une rangée (*en une tire*) à la perche à côté des « fers au prisonnier » et des tresses de cheveux. Sans aucun doute ne s'agit-il pas de « figurine de cire servant à l'envoûtement ». Félix Lecoy a glosé ces *vos de cire* simplement par « ex-voto » (p.359) : il s'agit évidemment de « Votivbild », au sens 4 de Tobler-Lommtzsch dans lequel on ne trouve qu'une attestation tirée des *Miracles de Notre-Dame de Chartres* (l'éditeur Pierre Kunstmann (MirNDChartrK) l'a glosé par « ex-voto de cire », tout en le distinguant des deux autres emplois de *voult* « visage » (VIII, 45 ; IX, 33))[23]. On a coutume de suspendre des figures représentatives dans une église, en accomplissement d'un vœu ou en remerciment d'une grâce obtenue. Mais le visage de qui

Li vus que Nicodemus fist : saint Vout et saint Genet

représent-ils ?

De Jésus-Christ, bien-sûr. La Chapelle Notre-Dame de Rocamadour, en effet, objet d'un célèbre pèlerinage du XIe au XIVe siècle, a été élevée sur la légende de l'ermite Amadour, qui d'après la religion populaire, n'était autre que Zachée le publicain lui-même. On a imaginé que Zachée a choisi Rocamadour pour son dernier ermitage. Sur son autel a été placée la célèbre Vierge noire. Or, Zachée était identifié avec le mari de sainte Véronique. La sainte femme aurait essuyé le visage du Christ lors de la montée au Calvaire ; la relique dite la Véronique est l'origine de la Sainte Face (Saint Suaire) classée, à la différence du saint Vout, dans la catégorie d'œuvres d'« achiropoètes » par Réau.

Donc, nous croyons que le *vos de cire* rappelle ici la légende de sainte Véronique avec le souvenir du saint Vout de Lucques. En France en effet, il existait plusieurs légendes où l'on voit la Vierge donner à des jongleurs des marques prodigieuses de sa bienveillance. Edmond Faral, en signalant les deux miracles (celui du Cierge de Rocamadour et celui du saint Cierge d'Arras), les a rapprochés de la légende du saint Vout. Il a même indiqué une possibilité de filiation historique entre eux[24]. A notre avis, il vaudrait mieux y voir un phénomène religieux : une confusion du culte des saints. Godefroy (t.8, p.152c) a déjà noté dans l'article de *vaudeluque, -uques. -lucque, -lusque* « représentation de la Sainte Face de Jésus-Christ » une remarque faite par Léon de Laborde (Glossaire de la *Notice des Emaux, bijoux et objets divers exposés dans les galeries du Musée du Louvre,* 1853, p.534) : La sainte Face de Véronique, le Vera icon de Rome, était célèbre ; le Christ en croix, de Lucques, sculpture attribuée à Nicodème, le devint à son tour. Des imitations de celui-ci furent portées de tous côtés, et bien qu'elles représentassent une figure entière, on la confondit avec la Sainte Face, et on lui donna le nom de saint Voult (de *vultus,* visage).

Un saint Vout qu'on vénère, sans précision supplémentaire, se trouve dans un roman d'aventure. Le roman de *Cristal et Clarie* dépeint un jeune garçon Cristal qui, ayant vu pendant le sommeil, une *fille de roi, qui mout fu bele* (v.424), a voulu la chercher dès son réveil :

> Si tost comme il le jor veoit,
> s'est vestus et apareillies,   465
> d'un mout estroit solers caucies.
> A la glise vait por orrer
> et *al saint volt* ala conter
> le songe qu'il vëu avoit,
> et dist : « Deus, se tes plaisirs soit,   470
> done moi mon songe averer,
> si com(me) tu m'as oï conter,[25]

Force nous est d'admettre que le *saint Vout* suggère ici la statue du Christ, synonyme de *vout de crucefis* (« crucifix ») attesté dans l'*Escoufle* de Jean Renart (éd. Sweetser, v.6504).

Li vus que Nicodemus fist : saint Vout et saint Genet

IV. Le saint Vout de Lucques enseveli dans les variantes

Il se peut que l'expression "de Lucques", épithète de saint Vout, se cache à l'intérieur des variantes. Erik Rankka, lorsqu'il a édité le sermon en vers *Li ver del juïse* profitant des trois manuscrits existants (sigles : A, B, R), en a detecté la présence d'une façon ingénieuse. L' édition princeps proposée par Hugo von Feilitzen (paru en 1883) ignorait à cette époque la rédaction de R. Ce sermon en alexandrins assonancés, qui traite du Jugement dernier, développant les règles essentielles du dogme chrétien à l'usage des laïcs, semble écrit aux alentours de 1140, peut-être en Wallonie. Cet ouvrage rerproduit, selon la révélation faite par un ange à un solitaire du désert d'Egypte, le récit de la séparation du corps et de l'âme d'un pécheur et d'un juste. L'édition de Rankka est basée sur le manuscrit A (début du XIIIe siècle, en wallon) comme dans l'édition de H. von Feilitzen, mais il a fouillé minutieuement les varitantes fournies par les deux autres. Il s'agit de la dernière partie du sermon, prononcée par *nostre sire* :

« (....)
Nichodemus i ert, cui granz pitiez en prist.   400
Cant li jors fut aleiz et il fut envesprit,
Si revint a mon cors, les clas de fer fors prist,
Si moi mist jus a terre ; cant il m'ot recollit,
drezat moi devant soi, a engardeir me prist :   404
"Ohi, glorïos Deus! Cum granz plaies at ci!

Vos en ireiz en ciel, la dont za deschendiz.
Or vos en vulh proier par la vostre mercit,
cant venreiz en vo regne, ramembre vos de mi." » 408
Il li dreça le chief que il teneit enclin. 408a
« Ahi! Tant par es bials, Nicodemus li dist, b
Jeo n'iere ja mais lié por tant que soie vif, c
se n'as en remembrance que ci t'ai servi. » d
Et *celui fist le saint vult que Deus iloc mist,* e
qui est el mostier al confessor saint Martin. f
Tuit avons parjuret, li grant et li petit, 409
et sa mort et ses plaies ke il por nos soffrit[26]. 410

Les vers 408a-f sont ajoutés par les manuscrits B et R, étroitement parentés, dont la source est indiquée par Rankka par le sigle B*. Dans la citation, en suivant la *varia lectio,* nous avons mis les leçons de B dans cette partie, mais celles de R se montrent presque identiques (les toilettes du texte sont modifiées par nous pour s'adapter au texte de Rankka basé sur A).

Ce qu'il faut souligner ici, c'est que le remanieur, responsable de la rédaction B*, s'est, à n'en pas douter, trompé dans la lecture de l'original. Les manuscrits B et R seuls, ayant prêté à Nichodeme des propos qui font de lui le protagoniste de cette scène (vv.408b-d), signalent aux vers 408e-f que c'est lui qui a fait le saint Vout :

Et celui fist le saint vult que deus iloc mist
Qui est el mostier al confessor saint martin   (ms. B)

Li vus que Nicodemus fist : saint Vout et saint Genet

> Et celui fist le saint volt que deus ileuc mist
> Qui est einz el muster a confessur sain martin   (ms.R) (+1)

Etant donné que le lieu désigné par les leçons *iloc* et *ileuc* (soulignés par nous) « ici » du vers 408e n'est indiqué nulle part, elles ne donnent pas de sens. Tenant compte des variantes courantes telles *iloques, ilueques, lueques,* on peut supposer que ces *iloc* et *ileuc* sont des fausses lectures pour *a Luques*. Si l'on faisait lire *cil* au lieu de *celui*, l'alexandrin se tiendrait. Pour le vers 408f, Hugo von Feilitzen voulait défendre le texte en mettant la césure après *al*. Par contre, Rankka, préférant la leçon de B dans le premier hémistiche, qui donne six syllabes correctes, propose de supprimer *saint* dans le second[27]. De ces modifications, on obtient le texte suivant :

> Et cil fist le saint vult que Deus a Luques mist,   408e
> qui est einz el mostier al confessor Martin.   408f

Certes, ces retouches nous autorisent à repérer bel et bien l'anecdote concernant le saint Vout placé dans la cathédrale Saint-Martin de Lucques. On peut ainsi retrouver le précieux témoignage du saint Vout à l'intérieur de l'apparat critique.

Nous en avons trouvé encore un autre exemple. *La première continuation de Perceval* (version courte, datée d'avant 1200) nous fournit *un volt* qui a été à Lucques. Il s'agit des deux transports des reliques mis en parallèle : celui du Graal vers la Cornouaille (« île blanche ») et celui du saint Vout vers Lucques[28]. Dans l'épisode de la visite de Gauvain au Graal, on présente le récit biblique concernant Joseph d'Arimathie, connétable de Ponce Pilate, ainsi que Nicodème, l'ami qui l'aide à ensevelir le Christ. Nous allons suivre le texte de L :

> Et Nicodemus autresi   7592
> qui mervelles prodom estoit
> et une soie suer avoit.
> Cil avoit taillié et portrait
> *un volt*, et tot autretel fait   7596
> con nostre Sire au jor etoit
> que il en crois veü l'avoit,
> mais de ce sui fis et certains
> que Damredex i mist ses mains   7600
> au figurer, si com on dit ;
> car nus hom puis un tel n'en vit,
> ne ne pot estre manovrés.
> Li pluisor de vos le savés   7604
> *qui a Lueques avés esté,*
> veü l'avés et esgardé[29].

La rédaction courte est conservée par deux manuscrits L et A. Le texte de A, mis en regard dans l'édition de Roach, nous permet de repérer facilement les vers de A correspondant à cette partie

Li vus que Nicodemus fist : saint Vout et saint Genet

(vv.7552-7566). A l'intérieur du manuscrit A, on va voir les trois derniers vers de cette citation :

Li plusor de vos le savez   7564
qui ilueques avez esté,
veü l'avez et regardé.

La leçon *ilueques* de A , appuyée par les manuscrits M et U (cf. les variantes de v.1763 dans le tome II) dans d'autres versions, ne fait pas de sens, car l'endroit, où le *vout* est placé, n'est pas non plus mentionné avant. Selon la remarque de Roach[30], la leçon *a Lueques* de L, appuyée de son côté par le manuscrit Q (*a Luque*, v.17673), aurait été donnée par le copiste qui connaît la légende du Volto Santo. Mais, comme le propose Roach, ne peut-on pas y admettre l'adverbe de lieu *alueques* ? Cette hypothèse ne paraît pas résister à la constatation que cette forme ne se trouve nul part dans L. D'ailleurs, FEW 4, 559a-560a : ILLŌC n'enregistre pas *alueques*, mais *aleques* (Escoufle), *alec* (Perlesvaus), *aluec* (XIIIe siècle).

V. Sources de confusion et de significations nouvelles

Puisque le saint Vout, nous le répétons ici, est calqué sur l'expression de l'italien *Santo Volto,* il ne s'agit pas d'une Sainte Face, comme on pourrait le croire selon l'étymologie, mais d'un Crucifix. D'après Jean-Claude Schmitt, la diffusion de l'image du saint Vout et de son culte éclaire les problèmes posés par les saintes images du type de la Sainte Face. Le sort du saint vout est sur bien des points parallèle à celui de la plus célèbre des Saintes Faces occidentales (la Véronique), même si celle-ci en diffère par son rôle éminent au centre du pouvoir de l'Eglise latine[31]. D'ailleurs, cette appellation équivoque entraînait bien des malentendus.

Le portrait peint du Christ, attribué à l'évangéliste saint Luc, est mentionné en tant que troisième image « chiropoète » par Réau. Il affirmait que l'évangéliste, certes connu comme portraitiste de la Vierge, passait pour avoir peint en plus un portrait de Jésus-Christ[32]. De là, la confusion éventuelle entre la ville de Lucques et saint Luc. Même les philologues du XXe siècle, Rudolf Zenker et Alberto del Monte, ont vu l'évangéliste dans la leçon *Luca*, à l'intérieur de *lo voutz / de Luca, reys resplandens,* vv.48-49 d'une pièce religieuse de Peire d'Alvernhe (PC : 323-16)[33]

Nous avons, d'une manière provisoire, shématisé l'évolution des divers sens de *vout* (*voult, vou* etc.) venus de VŬLTUS :

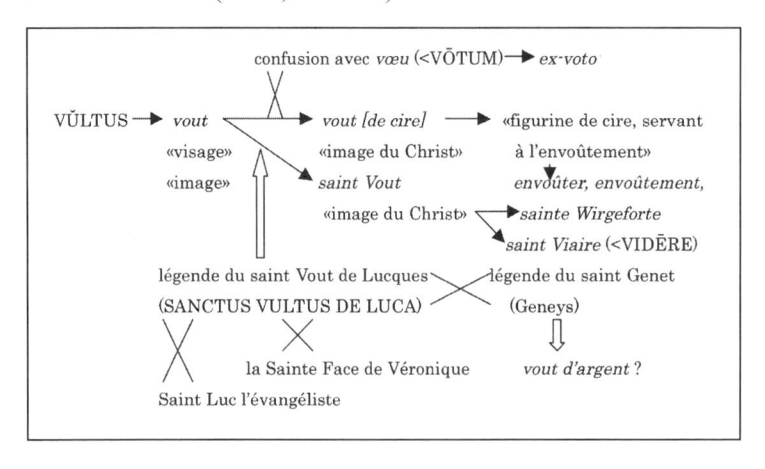

```
                        confusion avec vœu (<VŌTUM) ─► ex-voto
                               \│/
VŬLTUS ─► vout  ──────► vout [de cire] ─────► «figurine de cire, servant
         «visage»         «image du Christ»       à l'envoûtement»
         «image»     ▲   saint Vout            envoûter, envoûtement,
                    │    «image du Christ»  ──► sainte Wirgeforte
                    │                           saint Viaire (<VIDĒRE)
                    │
         légende du saint Vout de Lucques ── légende du saint Genet
         (SANCTUS VULTUS DE LUCA)             (Geneys)
             \   ╱
              ╲ ╱                                    ⇓
              ╱ ╲      la Sainte Face de Véronique   vout d'argent ?
         Saint Luc l'évangéliste
```

Li vus que Nicodemus fist : saint Vout et saint Genet

Il est à retenir qu'il y a des cas où, sans l'avoir mentionné, les auteurs voulaient, selon toute apparence, désigner le saint Vout, parce qu'ils ont évoqué la légende sur le transport de la relique à Lucques, comme dans ces exemples :

> Or les gart Dex, qui fist parler *s'ymage,*
> *quant vint a Luques parmi la mer a nage*
> (*Folcon de Candie*, vv.2834-2835)[34]

> « B[erneçons], frere, por *Dieu qi fist s'imaje*
> *venir a Luqe par haute mer a naje,*
> fai une chose qi me vient a coraige,
> (*Raoul de Cambrai*, vv.4208-4210)[35]

Ou bien on peut trouver un exemple ambigu : dans ce cas, ni saint Vout ni Lucques n'étant précisé, seul le contexte indique qu'il s'agit du saint Vout :

> mais par celui qi fist parler l'imaige,
> je qit si[s] dons li vendra a outraige.
> (*Raoul de Cambrai*, vv.726-727)[36]

Cependant, le cas d'*Escoufle* n'exprime plus le saint Vout. Le jeune Guillaume, fatigué de sa recherche vaine d'Aelis, est arrivé à Saint-Gilles. Il a prié saint Gilles de lui trouver un patron qui l'aide dans son enquête. Un bourgeois l'a trouvé par hasard devant le crucifix.

> Il plore de cuer et des iex
> com cius qui est ml't (*sic*) desconfis.
> Devant *le vout du crucefis*   6504
> ot .j. borjois riche et manant.
> Il nota bien le contenant
> du vallet, et si parut bien
> k'il ert dolans d'aucune rien[37].   6508

Il est clair qu'il s'agissait ici simplement de la statue du Christ. Quant à la confusion avec le terme *vœu,* on peut trouver bien des attestations (1306-1566) dans le dictionnaire de Victor Gay[38] et encore dans le *Quart Livre* (VII) de Rabelais : *Par le digne veu de Charrous, le moindre de ces moutons vault quatre foys plus que le meilleur de ceulx que (...).* Charroux est une ville du Poitou (Vienne) dont l'abbaye possédait la relique de la Circoncision de Jésus-Christ, appelée le « Saint-Veu », « Digne Veu ». Ce *veu* n'avait rien à voir avec le mot *vœu.* C'était *vout* « représentation figurée »[39].

Aux fidèles, qui n'avait pas vu le saint Vout à Lucques, l'image du Christ enjuponné et barbu paraissait étrange, d'où la légende de sainte Wilgeforte (VIRGO FORTIS) : une jeune princesse païenne, mais chrétienne en secret, a supplié Dieu de la rendre laide pour décourager ses prétendants. Ce vœu étant exaucé, elle est transformée en femme à barbe. Le roi, plein de colère, l'a mise en croix. On y a ajouté une anecdote selon laquelle la sainte avait jeté son soulier d'argent à un jongleur de viole. Louis Réau a estimé que cette sainte mythique n'est autre que le saint Vout mal interprété[40]. Or, la ville de Lucques a connu une renommée considérable du XIe au XIVe siècle, dûe à la fabrication et au commerce des étoffes de soie. L'historien d'art a signalé aussi que le culte du saint Vout avait été propagé dans l'Europe du nord par les marchands lucquois. Comme on l'a déjà signalé dans le cas de la fondation de l'église Saint-Sépulcre de Paris, ils avaient installé des comptoirs en France et dans les Pays-Bas. En Belgique wallone, le saint Vout de Tancrémont, daté du XIIe siècle, était un des plus anciens monuments. En outre, défiguré en saint Viaire, il était vénéré à l'église Saint-Quentin de Tournai[41]. Ce n'étaient donc pas seulement les jongleurs transalpins qui diffusaient la légende.

VI. En guise de conclusion

Les dérivés, *envoûter* et *envoûtemnt* proviennent du *vout [de cire]*, figurine représentant les personnes qui, par un effet magique, devaient être atteintes du mal qu'on imfligeait à ces figures. Mais pour quelle raison le portrait du Christ est-il passé à un sens si maléfique ? En principe, l'image de Dieu devait être dotée d'un pouvoir magique bénéfique sur le peuple. On peut supposer, n'en doutons pas, avec Renson, que la formule du serment a pu aider au glissement sémantique. Pourtant, le portrait du Christ et une figurine sinistre qu'on voudrait blesser ou tuer, ont ceci de commun qu'elles comportent la faculté de soumettre quelqu'un à une action magique. Dès le commencement du XIVe siècle (ou bien déjà au XIIIe siècle), on peut observer le substantif *envoûtement*, mais le changement de sens aurait été déjà amorcé depuis le début du XIIIe siècle dans le cas du verbe[42]. Au sujet du vocabulaire magique en général, on se reportera aux études approfondie de Robert-Léon Wagner[43].

Le changement par rapport au sens original se retrouverait, à notre avis, dans les vers épineux des pièces appelées « galerie littéraire » des deux troubadours : de Peire d'Alvernhe et du Morgue de Montaudo[44]. Ces deux poètes décrivent les troubadours qu'ils connaissent directement ou indirectement, d'un ton sarcastique et incisif. Le premier, dans sa célèbre sirventes *Chantarai d'aquest trobadors* (PC : 323-11), choisissant Guillem de Brives comme cinquième victime, exprime au v.36 de la VIe strophe :

e dels huelhs sembla vout d'argent
« et il ressemble, pour les yeux, à la statue sainte d'argent »

Ensuite, le Morgue de Montaudo a donné le texte suivant, au vers 96 dans sa XVIe strophe de son sirventes commençant par *Pus Peire d'Alvernhe'a cantat* (PC :305-16), sur le troubadour Guillem de Ribas (quinzième poète qu'il critique) :

siey huelh semblom esser d'argent
« ses yeux semblent être d'argent »

Li vus que Nicodemus fist : saint Vout et saint Genet

Ces deux auteurs traitent d'un même personnage non identifié, malgré la petite différence toponymique du nom, car le contenu des strophes est presque identique (nous avons adopté ici les textes fournis par le manuscrit C)[45]. On estimera plutôt que pendant la transmission des textes, la strophe originale de Peire s'est mêlée au texte du Morgue. Tenant compte des vers précédents (nous suivons Peire d'Alvernhe) : « Et Monsieur Guillaume de Brives, qui est méchant dehors comme dedans et qui dit toutes ses chansons d'une voix rauque, si bien que je n'estime pas du tout ses glapissements et qu'un chien en ferait tout autant », mis à part le problème de l'établissement du texte posé par les differents manuscrits, on doit de prime abord constater ici un ton moqueur. Il en ressort que les vers en question doivent être situés dans le registre péjoratif. Gervais de Tilbury, clerc d'origine insulaire, rapporte dans ses Mirabilia : *Otia imperialia* (vers 1214-15), que le saint Vout a les yeux ouverts et le regard terrible, comme il convient à sa Face (*Illud sane non erit omittendum quod Vultus Lucanus oculos tenet aperots et terribiles ostendit, quod ad figuram pertinet*) ; il y ajoute que de même que le lion, roi de tous les animaux, garde les yeux ouverts quand il dort (...), le Christ montre que sa puissance ne connaît jamais d'intermittance, mais qu'elle est terrible pour les méchants (*ita Christus numquam sue potestatis uirtutem intermittit, sed se malis terribilem ostendit*)[46].

Le portrait du Christ est ainsi employé d'une façon négative, même s'il est limité à la description des yeux ! On asssiste là aussi au phénomène d'inversion des valeurs. Certes, pour interpréter ces vers, comme le fait Martíin de Riquer, nous pouvons nous imaginer

« un visage inexpressif et les yeux saillants qu'on observe dans quelques images de l'époque romane »[47]. Mais si on s'en tient à cela, on n'est pas encore en mesure de bien expliquer le terme *argent*. Ne pourrions-nous pas y déceler le soulier d'argent que, dans la légende du saint Vou, l'image sacrée avait jeté en compensation au jongleur ? Le prélat de Lucques avait dû racheter à haut prix ce soulier, ce qui permettait au jongleur d'avoir de l'« argent » comptant. Dans un certain sens, il s'agit donc aussi d'un *Vout* Bienfaiteur.

Notes

* Nous tenons à remercier Odile Dussud pour la relecture amicale de notre texte et Takeshi Matsumura pour les suggestions précieuses sur notre communication. Il m'a indiqué l'étude iconographique de Jean-Claude Schmitt ainsi que le compte-rendu de Thomas Städtler (auquel il a lui-même contribué dans une large mesure) sur le 92e fascicule de TL (cf. notes 21 et 23).

[1] Naohiko Seto, « *Geneys lo joglars*, la légende du saint Vou dans le manuscrit *C* occitan », in *La France Latine*, t. 138, 2004, pp.251-270.

[2] Louis Réau, *Iconographie de l'art chrétien, tome second : iconographie de la Bible, II : Nouveau Testament*, Paris, P.U.F., 1957, pp.17-27.

[3] Wendelin Foerster, « Le saint Vou de Lucques », in *Romanische Forschungen*, t.23, 1907, pp.1-52.

[4] Jean Renson, *Les dénominations du visage en français et dans les autres langues romanes, étude sémantique et onomasiologique*, coll. Bibliothèque de la Faculté de Philosophie et Lettres de l'Université de

Li vus que Nicodemus fist : saint Vout et saint Genet 113

Liège, Paris, Les Belles Lettres, 1962, pp.313-328 (cf. compte-rendu substantiel de point de vue de la lexicologie des dialectes modernes par Elisée Legros, in *Les dialectes belgo-romans* (Bruxelles), t.21, 1964, pp.189-203).

[5] Ed. Claude Régnier, 1990, vv.4765-4767 sur la base du ms. BNF. fr. 1449 (éd. Wiebeck-Hartnacke-Rasch, 1903, vv.4579 r-t).

[6] Joseph Bédier, *Les légendes épiques, recherches sur la formation des chansons de geste,* Paris, Champion, 1908-1913, 4 vols. t.2, 3e éd., 1920, pp.222-223.

[7] Réau, *op.cit.*, p.24.

[8] Le VULTUS DE LUCA est retenu par les dictionnaires du latin médiéval avec des sources : Du Cange, 8, 397a-b ; Ratham, *Revised Medieval Latin Word-List*, 518b. Cf. Blaise, *Lexicon Latinitatis medii aevi*, 967b : VULTUS « image ; buste (du Christ, de la Vierge, d'un saint) ; Niermeyer, *Mediae latinitatis lexicon minus²*, 1455b : VULTUS « image, statue » ; REW9469.

[9] Bédier, *op. cit.*, p.223.

[10] Foerster, *art. cité*, pp.32-52 (pour l'analyse de cette partie. voir *id.*, pp.2-4).

[11] Inspiré de cette histoire, Jean Oudin a donné le *Mystère de saint Genis,* qui a été représenté sans doute devant le roi à Montilz-les-Tours en 1490 (cf. Louis Petit de Julleville, *Les Mystères,* 2 vols., t.II, Paris, Hachette, 1890, pp.520-522).

[12] François Guessard et Anatole de Montaiglon, *Aliscans,* coll. Les anciens poëtes de la France, Paris, A. Franck, 1870, p.300. Voir aussi Louis Réau, *op.cit.*, pp.24-25. L'emplacement de cette église est situé 60, rue Saint-Denis. En janvier 1325, une confrérie ayant à sa tête Louis de Braban, comte de Clermont, avait acheté ici un terrain pour y élever une église qui a été ouverte au public en 1329, mais fermée à la Révolution et vendue, le 2 juillet 1791 (Jacques Hilairet, *Dictionnnaire historique des rues de Paris,* Paris, Les Editions de Minuit, 1963, 10ᵉ éd., 1997, t.2, p.397).

[13] Cf. Jean-Claude Schmitt, *op.cit.(infra,* n.14), p.258.

[14] Emile Mâle, *L'art religieux du XIIᵉ siècle en France, étude sur les origines de l'iconographie du Moyen Age,* Paris, Armand Colin, 1922,

4ᵉ éd., 1940, pp.254-256. Sur le plan iconographique de la statue, voir d'abord Louis Réau, op.cit. et éd. Engelbert Kirschbaum sj, *Lexikon der Christlichen Ikonographie*, t.IV, Rom / Freiburg / Basel / Wien, Herder, 1972, col. 471-472. L'ouvrage de référence fondamentale : Gustav Schnürer und Joseph M. Ritz, *Sankt Kümmernis und Volto Santo,* coll. Forschungen zur Volkskunde, Heft 13-15, Düsseldorf, L. Schwann, 1934. L'étude récente, fondée sur l'interprétation plutôt symbolique et folkrolique : Jean-Claude Schmitt, *Le corps des images, essais sur la culture visuelle au Moyen Age,* coll. Le temps des images, Paris, Gallimard, 2002, pp.217-271.

[15] Ernest Hoepffner, in *Romania*, t.57, 1931, pp.13-74 (surtout p.29).

[16] Renson, *op.cit.*, p.313.

[17] *Op.cit.*, p.328. On peut ajouter au corpus de Renson, par exemple, *volt* « idole » employé trois fois dans la traduction de l'Ancien Testament (Raphael Levy, *Trésor de la langue des juifs français au Moyen Age*, Austin, University of Texas Press, 1964, p.236).

[18] Sur la « sainte face », voir Renson, *op. cit.*, pp.256-258 et c-r. d'Elisée Legros, p.191.

[19] Parmi les cinq citations, TL n'en enregistre pas trois : celle de *Des taboureurs* (éd. Achille Jubinal, *Jongleurs et trouvères ou choix de saluts, épîtres, rêveries et autres pièces légères des XIIIᵉ et XIVᵉ siècle*, Paris, J. Albert Merklein, 1835, p.168) et celles (que nous ne pouvons pas encore contrôler) tirées de l'*Inv. du Trés. du saint Seplcre de Paris*, (91, 97) publiées dans *Mémoire de la Société d'histoire de Paris*, IX, 260).

[20] Arnulf Stefenelli (*Der Synonymenreichtum der Altfranzösischen Dichtersprache,* Wien, Hermann Böhlaus Nachf, 1967, pp.114-117), qui a effectué un dépouillement propre depuis *Alexius* jusqu'à Adam de la Halle, a été totalement d'accord sur le vocable *vout* avec Renson.

[21] Sur ce fascicule, voir les c.-r. par les suivants : Max Pfister (*ZfrP,* t.120, 2004, pp.185-187 ; Gilles Roques (*RLingR*. t.67, 2003, pp.583-586 ; Thomas Städtler (*VRom*, t.62, 2003, pp.278-288) qui propose six rectifications de citations et ajouts de renseignements dans l'article *vout*.

[22] Ed. Félix Lecoy, *La vie des pères,* tome III, Société des anciens

Li vus que Nicodemus fist : saint Vout et saint Genet 115

textes français, Paris, Picard, 1999, pp.313-314.

[23] Cf. TL, 11, 787, 29-33. (outre les corrections de Städler et de Matsumura, nous signalons que *NDChartr.K* 32, 14 est à réctifier : *NDChartr.K* 32, 114 (= Miracle No 32, v.114) Or, Victor Gay, *Glossaire archéologique du moyen-âge et de la Renaissance,* Paris, Picard, 1887, 2ᵉ éd., 1928, t.2, p.479 a confondu *vœu* avec *vout* ; dans son article Vœu ou Voult de cire, « ex-voto », fournit sept exemples de l'année 1306 à l'année 1566. Selon le texte daté de 1306, tiré de l'*Historiens de France*, t.XX, p.151, le *vout* peut avoir la forme curieuse :

> Li diz Richars ala tantost au tombel du benoict saint Loys, et acheta en la dite eglise *un vout de cire* à *la semblance d'une cuisse,* et la mist sus le tombel devant dit, et fesant ilecques oroisons et en proiant le benoict saint Loys que il li vosist redre santé.

Il est intéressant de constater l'existence de la même coutume au Japon : ayant collé à un arbre une poupée de paille à l'image de la personne haïssable, on la plantait le clou pour jeter un maléfice sur elle.

[24] Edmond Faral, *Les jongleurs en France au Moyen Age*, Paris, Champion, 1910, p.135.

[25] Ed. Hermann Breuer, *Cristal und Clarie, altfranz. Abenteuerroman des XIII Jahrhunderts,* Gesellschft für rom. Lit., 36, 1915, p.14. Dans la note, Breuer signale qu'il vaudrait mieux *Volt* au lieu de *volt,* en recourant à l'article de Foerster.

[26] Ed. Erik Rankka, *Li ver del juïse, sermon en vers du XIIᵉ siècle*, Uppsala, Almqvist & Wiksell International, 1982, pp.67-68 (les notes critiques s'avèrent excellentes. cf. c.-r. par Gilles Roques dans *Revue de linguistique romane*, t.46, 1982, pp.498-499 et par Albert Gier dans *Zeitschrift für romaische Philologie (= ZrP),* t.99, 1983, pp.644-645).

[27] *Ibid.*, p.85 et p.8 (analyse).

[28] Cf. J.-Cl. Schmitt, *op. cit.,* p.233.

[29] Ed. William Roach, *The First Continuation of the Continuations of the Old French "Perceval" of Chretien de Troyes,* vol.III, part I, 1952, p.484.

[30] *Ibid.*, p.654.

[31] J-Cl. Schmitt, *op.cit.*, p.271.

[32] Réau, *op. cit.*, pp.25-26.
[33] Cf. Seto, *art. cité*, p.266.
[34] Oscar Schultz-Gora, « Zum saint Vou de Luques », in *ZrP,* t.32, 1908, pp.458-459
[35] Ed. Sarah Kay, p.262 ; Erhard Lommatzch, « Nachtrag zum saint Vou de Luques », in *ZrP,* t.33, 1909, pp.76-77.
[36] *Ibid.,* p.77 ; éd. Sarah Kay, p.56. Cf. Erhard Lommatszch, « Nochmals das "saint Vou de Luques" », in *ZrP.* t.33, 1909, pp.726-729.
[37] Ed. Sweetser, 1974.
[38] Voir *supra* (la note 23).
[39] Voir éd. Mireille Huchon (1994), p.554 (cf. note à la page 1509) ; Renson, *op.cit.*, p.321.
[40] Réau, *op.cit.*, p.24. Voir aussi Mâle, *op.cit.*, 256-257.
[41] Réau, *op.cit.*, p.24. Pour l'étymologie de *viaire,* voir FEW 14, 429b (VIDĒRE), Renson, *op. cit.*, p.329 et son c.-r. par Elisée Legros, p.191
[42] Cf. Block-Wartburg[5], p.227 ; TL, 3, col.737, l. 38 ; FEW 14, 648 ; Renson, *op.cit.*, pp.324-324 ; *Trésor de la langue fr*, t.7, pp.1282b-1283a.
[43] Robert-Léon Wagner, *"Sorcier" et "magicien" – contribution à l'histoire du vocabulaire de la magie,* Paris, E. Droz, 1939 ; *id.,* « Le vocabulaire magique de Jean Bodin dans la *Démonomanie des Sorciers* », in *Bibliothèque d'Humanisme et Renaissance,* t.10, 1948, pp.95-123 (Jean Renson a bien profité de ses éruditions, par exemple, pour trouver *voutz de cire* dans les *Grandes chroniques de France*).
[44] Nous avons discuté plus longuement sur ces deux textes dans notre *art. cité* (2004, pp.266-269).
[45] Cf. Naohiko Seto, *Anthologie des troubadours du chansonnier C (Paris, BNF. f.fr. 856),* Tokyo, Daigaku-Shorin, 2003, p.122 et 136.
[46] Ed. S.E. Banks and J.W. Binns, Gervaise of Tilbury, *Otia imperialia (Recreation for an emperor),* Oxford, Clarendon Press, 2002, p.602. Cf. Gervais de Tilbury, *Le livre des merveilles (Divertissement pour un empereur - troisième partie),* traduit et commenté par Annie Duchesne, Paris, Les Belles Lettres, 1992, p.40 et J.-Cl. Schmitt, *op.cit.*, p.222.
[47] Martíin de Riquer, *Los trovatores, historia, literaria y textos*, Barcelona, Planeta, 1975, 3 vols., t.I, p.336.

MATSUMURA Takeshi

La *Somme des offices* de Jean Beleth : notes lexicographiques

Avant de parler de la traduction française de la *Somme des offices*, je voudrais vous rappeler quelques banalités. Quand on veut faire une étude utile sur le vocabulaire du français, on devra toujours essayer d'enrichir nos connaissances. Pour ce faire, il n'est certes pas mauvais de relire les œuvres bien connues pour voir si nos prédécesseurs y ont bien relevé toutes les attestations intéressantes et s'ils ont bien compris tous les détails. Sans doute on pourra toujours compléter nos connaissances. Mais s'il s'agit des œuvres qui ont été éditées et étudiées d'une façon satisfaisante, il est à craindre qu'on ne puisse pas faire de découvertes retentissantes. Par contre, on aura plus de chance quand on ne dispose que des éditions médiocres et que peu d'études leur ont été consacrées. Dans ce cas-là, en réexaminant ces éditions tout en les collationnant avec les manuscrits, on pourra plus facilement corriger et compléter nos instruments, car les lexicographes ne retournent pas toujours aux manuscrits pour vérifier les leçons qu'ils citent. Même le TL, dont on souligne souvent la rigueur philologique, est ainsi tombé dans le piège tendu par les mauvaises éditions et il a enregistré plusieurs attestations fantômes. Quand je parle de mauvaises éditions, je pense à l'édition Poquet de Gautier de Coincy, à l'édition Buchon de Guillaume Guiart ou à l'édition Kervyn de Gillon le Muisit[1].

Pour enrichir nos connaissances, il est donc utile d'étudier les textes peu connus. Sans doute, pour les profanes il serait difficile de trouver où se cachent ces œuvres qui n'ont pas été dépouillées par les romanistes avec le soin qu'elles méritent. Tout le monde n'a pas la chance de faire des trouvailles en fouillant au hasard dans les bibliothèques ou les dépôts des manuscrits. Mais il y a des moyens qui nous permettent de découvrir ces trésors. Je pense surtout aux trois moyens qui sont à la portée de tout le monde. Le 1er des moyens consiste à lire Gdf d'un bout à l'autre avec un peu d'attention ; le 2e est de relire les 30 ou 40 premiers numéros de la *Romania*. Pour examiner Godefroy, il ne faut pas, bien sûr, se contenter d'utiliser sa version électronique[2], puisqu'elle est remplie de fautes de toutes sortes et qu'elle nous donne une fausse impression de facilité alors que seule une lecture soutenue de la version papier nous donne des clés pour bien comprendre ce qu'elle contient. Si donc on examine l'un après l'autre les exemples cités par Gdf et si l'on essaie de les retrouver dans les éditions récentes ou les dictionnaires ultérieurs, on s'aperçoit tout de suite qu'il y a de nombreuses sources que depuis Gdf on n'a pas bien exploitées. Ce sont ces sources tombées en oubli, soit de vieilles éditions soit des œuvres inédites, qu'on a toujours intérêt à étudier. Pour ce faire, il ne manque pas d'instruments de travail. D'autre part, dans leurs travaux publiés dans la *Romania* ou ailleurs, G. Paris, P. Meyer et A. Thomas entre autres avaient souvent cité des œuvres que les histoires littéraires récentes n'ont pas toujours retenues. L'étendue de leurs recherches et de leurs curiosités est vraiment admirable. Ainsi, les 30 ou 40 premiers numéros de la *Romania* nous apprennent des pistes intéressantes que les générations ultérieures n'ont pas toujours suivies. Il y a encore des textes qui, bien que signalés par P. Meyer, n'ont pas trouvé leur éditeur. Voilà les deux moyens efficaces qui nous permettent de nous éloigner du sentier battu, de redécouvrir des œuvres et de faire des études lexicographiques utiles.

Il reste un troisième instrument qui nous renseigne beaucoup plus vite sur les pistes à suivre. C'est le *Complément bibliographique 1993* du *Dictionnaire étymologique de l'ancien français* (Tübingen, 1993) établie par F. Möhren. A la page XIV de son introduction, l'actuel directeur du DEAF donne une liste de « textes inédits ou seulement partiellement ou très mal édités » afin de nous faire abandonner les « textes archiconnus et remâchés ad nauseam ». Cette liste contient une quarantaine de textes, et seulement six d'entre eux[3] ont fait l'objet d'une édition depuis la publication de cette bibliographie. Il faut remarquer d'ailleurs que ces réalisations rares ne soient pas toujours impeccables.

Si je vous ai rappelé ces banalités, c'est pour vous dire qu'en empruntant ces trois voies on arrive à la traduction française de la *Somme des offices* de Jean Beleth. D'abord, Gdf en a tiré environ 200 citations dans son dictionnaire et parmi ces citations, il ne manque pas de mots rares ou d'attestations précoces. Et puis P. Meyer a imprimé le prologue de la *Somme* dans une de ses notices publiée dans le Bulletin de la SATF (10, 1884, 83-84) et il en a reparlé dans la Chronique de la *Romania* (14, 1885, 308), tandis qu'A. Thomas a étudié quelques mots intéressants contenus dans notre œuvre et a proposé sa localisation dans ses *Mélanges d'étymologie française* (2e éd., Paris, 1927, 112 ; 183 ; 221). Et enfin la liste de F. Möhren la signale comme un des textes à éditer. Comme on le voit, même si les histoires littéraires n'en font pas grand cas, la *Somme des offices* mérite d'être étudiée. Ce n'est pas pour une curiosité un peu malsaine que je vous en parle dans mon exposé.

* * *

La traduction de la *Somme* est conservée dans un manuscrit unique (BNF, lat. 995)[4]. La partie du manuscrit contenant l'œuvre est datée de la 1re moitié du 13e siècle et la traduction elle-même doit dater du 1er quart du siècle (quant à la version latine[5], elle a été composée entre 1160 et 1164). Si l'on examine la morphologie verbale et les mots régionaux, on peut considérer que cette traduction a été écrite en Orléanais. Je ne m'attarderai pas ici sur la localisation, car je publierai ailleurs le résultat de mon enquête. Aujourd'hui, je voudrais vous présenter quelques mots remarquables qu'on peut trouver dans ce texte. Bien sûr, aucune étude sur les 1res attestations et les hapax ne peut être définitive puisqu'on peut toujours

La Somme des offices *de Jean Beleth*

rencontrer de nouvelles occurrences qui sont antérieures à ces 1res attestations ou qui annulent le caractère unique des hapax. Mais cela ne signifie pas du tout qu'on doit se contenter des indications vagues et de dire par exemple que tel ou tel mot apparaît au 13e siècle et disparaît au 16e siècle. Le FEW et le DEAF doivent nous servir de modèles quand ils précisent, pour chaque mot, chaque graphie, chaque sens, chaque locution, leur date d'apparition et leur date de disparition avec des références sûres. Cette façon de travailler demande beaucoup de temps, mais elle a le mérite d'être toujours vérifiable. Chaque lecteur peut ainsi partir de ces informations pour se demander si éventuellement il ne peut pas y apporter quelques modifications. Les fascicules du DEAF fourmillent de ces petites corrections. Donc, ce que je vais vous présenter n'est qu'un état provisoire de nos études pour une meilleure connaissance de l'ancien français.

D'abord on a une vingtaine de 1res attestations qu'on connaît grâce à Gdf qui les a citées. La plupart d'entre elles sont ensuite passées dans le FEW, le DEAF ou le TLF (quant au TL, il est rare qu'il renvoie à Jean Beleth puisqu'il n'a pas voulu citer d'après les manuscrits). Mais puisque Gdf n'a pas daté la *Somme*, les lexicographes qui l'ont suivi ont traité sa date avec une certaine désinvolture. Bien sûr, il y a des cas où elle est indiquée exactement. Par exemple, le s.m. *guerreiement* « action de faire la guerre » qui se lit au ch. 25, f. 16v [*que ne puissons estre vencu par le guerreiement au deable*, lat. *a cuius inpugnatione ne deuincamur* (Douteil I, 51)] a été enregistré par Gdf 4, 379a et par la suite par le DEAF G 1578 ;

dans ce fascicule de 1995, le DEAF date bien cette 1re attestation du 1er quart du 13e siècle.

De même, l'adj. *auctorizable* « qui a de l'autorité » qu'on lit au ch. 79, f. 39 [*plus auctorizable por la noblece de l'ebré*, lat. *auctorizabilior propter auctoritatem Hebraici sermonis* (Douteil I, 146)] est cité par Gdf 1, 503c et quand cette 1re attestation est ensuite passée dans le FEW 25, 822b s.v. **auctorizare*, la rédactrice du FEW, F. Lagueunière (fascicule de 1997), lui donne la date de la 1re moitié du 13e siècle[6].

Dans la lexicographie un peu moins récente, on a des cas où notre texte est daté plus vaguement du 13e siècle. Par exemple, le s.f. *debotance* « action de chasser » qu'on lit au ch. 89, f. 41v [*la degitance et l'exilemenz et la debotance d'Adan et d'Eve de paradis por le mengier de la pome*, lat. *exulatus Ade et Eue propter esum pomi* (Douteil I, 159)] a été cité par Gdf 2, 436a et cette attestation a été reprise ensuite par le FEW 15, 1, 213b s.v. **botan* comme afr. (hap. 13e s.), placée avant celle de GlConches et celle de 1493 (toutes deux reprises de Gdf)[7].

Toutes les attestations précieuses n'ont pas reçu un traitement suffisant. J'ai rencontré un cas où la *Somme* est datée du 12e siècle. Il s'agit de l'attestation du s.f. *amonestance* « action d'avertir » qu'on lit au ch. 134, f. 68v [*por grainor amonestance*, lat. *ad maiorem ammonitionem* (Douteil II, 119)]. Gdf 1, 272c a relevé cette occurrence[8], et le FEW 24, 170a s.v. **admonestare* l'a reprise, mais ce faisant il lui a donné la date du 12e siècle. Cette erreur, qui est peut-être une faute d'impression, est un peu étonnante pour

La Somme des offices *de Jean Beleth*

un fascicule de 1973 qui voulait être une refonte du 1er volume du FEW.

On rencontre plus souvent des datations tardives. Par exemple, le syntagme *aignel pascal* « agneau que les Juifs mangeaient à la fête de Pâques » se lit trois fois dans la *Somme* (ch. 39, f. 22v [*En la viez loi estoit commandé que cil qui menjoent l'aignel pascal tenissant bastons en lor mains*, lat. *In lege precipiebatur, ut edentes agnum paschalem baculos in manibus tenerent* (Douteil I, 73)] ; ch. 48, f. 25 ; ch. 87, f. 41) et la 3e occurrence a été citée par GdfC 10, 287a. Celle-ci est passée ensuite dans le FEW 24, 264b s.v. *agnellus* et dans le TLF s.v. *pascal*. Dans leur indication chronologique, le FEW et le TLF la datent respectivement du 14e siècle et du début du 14e siècle. Si l'attestation existe bien comme Gdf l'a comprise, la date qui lui est attribuée par ces deux dictionnaires doit être corrigée.

La même erreur de datation se retrouve dans le DEAF. Le s.m. *agenollement* « action de s'agenouiller » se lit au ch. 98, f. 47 [*ce que l'en dit davant l'agenollement n'est mie oreisons*, lat. *illud, quod dicitur ante genuflexionem, non est oratio* (Douteil I, 179)]. Et cette attestation a été enregistrée par GdfC 8, 45c, et puis par le DEAF G 502 et le TLF s.v. *agenouillement*[9]. La datation du TLF n'est pas fiable, puisque d'une part il donne à l'attestation de Jean Beleth la date du 14e siècle avec point d'interrogation et que d'autre part, en suivant DDM, il date de ca. 1327 celle de JVignay alors qu'il s'agit d'une leçon de l'imprimé de 1531. Quant au FEW 4, 114b s.v. *genuculum*, il se contente d'indiquer que le mot apparaît depuis le mfr. sans préciser quelle est la 1re attestation qu'il vise. Le DEAF lui-même (fascicule de 1974), qui critique le FEW et la source du TLF, date notre texte du début du 14e siècle[10].

A côté de ces datations variables, nous avons des cas plus graves où, bien que citées par Gdf, les attestations précoces de la *Somme* sont ignorées par les lexicographes ultérieurs. Par exemple, le s.m. *abrasement* « embrasement (au sens moral) » qu'on lit au ch. 107, f. 53 [*Ausi fait Nostre Sires. Il vait davant les batoiez et les aombre contre l'abrasement des vices*, lat. *Similiter Christus precedens baptizatos obumbrat eos contra incendia uitiorum* (Douteil I, 199)] a été cité par Gdf 1, 33b mais il n'a pas été repris par le FEW 15, 1, 258a s.v. **bras-*, qui enregistre seulement mfr. *abrasement* (15e s.). Il en va de même pour le v.intr. *sabatizer* « se reposer » qu'on lit au ch. 131, f. 67 [*nos par le baptesme sabatizons, ce est reposons*, lat. *nos per baptismum sabbatizamus, id est quiescimus* (Douteil I, 249)]. Cette attestation a été citée par Gdf 7, 270a mais elle a été ignorée par le FEW 11, 3a s.v. *sabbatum*. Selon Wartburg, le mot au sens de « célébrer le sabbat » n'apparaît qu'au 15e siècle. Nous devons donc rectifier la datation du FEW et y ajouter le sens de « se reposer ». On peut dire la même chose pour d'autres mots comme *degitance* s.f. « action d'expluser »[11], *disparsion* s.f. « fait d'être dispersé »[12], *exilement* s.m. « action d'exiler »[13], *mardi lardier* s.m. « mardi gras »[14], *tens de revocation* s.m. « temps pascal »[15].

D'autre part, quand Gdf a mal interprété ce qu'il citait, l'attestation précieuse qui semblait être banale n'a pas pu attirer l'attention des lexicographes. C'est ce qui est arrivé au s.f. *preface* « partie de la messe qui précède immédiatement le canon » qu'on lit au ch. 45, f. 24 [*Prefaces est dite ausi comme prologues, ce est davantaparellemenz au menestre*, lat. *Prefatio dicitur quasi prelocutio, hoc est ad misterium preparatio* (Douteil I, 80)]. GdfC 10, 403c a cité certes cette attestation mais il l'a donnée comme l'exemple le plus ancien du sens de « exposé préliminaire placé en tête d'un livre ». Or comme l'emploi de ce sens est déjà attesté dans la traduction des *homélies* de Grégoire le Grand sur Ezéchiel (GregEzH fin 12e s. ; v. TL 7, 1777, 11 > TLF), l'exemple de la *Somme* est tombé en oubli[16] et l'on a considéré que la 1re attestation du sens liturgique se trouve dans la RègleCistG (1er t. 13e s., v. TL 7, 1717, 22 > TLF). En fait la *Somme* nous présente plusieurs occurrences pour ce sens[17] et celle du ch. 45 citée par GdfC aussi doit être comprise de la même façon.

Un autre cas de figure est illustré par le s.m. *sozjugal* « bête de somme » qu'on lit au ch. 65, f. 33 [*car mainte foiz avient que le sozjugal mu enseigne la divine beste, ce est li lais le clerc*, lat. *Sepe namque contingit, quod subiugale mutum docet animal diuinum, id est laicus clericum* (Douteil I, 121)]. Cette attestation a attiré l'attention de Gdf, mais dans son article *sorjugal* adj. « qui est sous le joug » où il ne cite que ce passage, il a lu *sorjugal* au lieu de *sozjugal*. Cette lecture erronée ne semble pas être passée dans le FEW 5, 60a-62b s.v. *jugum*, car il ne connaît que l'adj. *subjugal* « subordonné » (Trév 1704-Land 1851).

Comme on peut le constater avec ces exemples, il est toujours nécessaire de contrôler les données des dictionnaires pour voir s'ils datent bien les attestations et s'ils comprennent bien leurs citations.

* * *

Je ne m'attarderai pas davantage sur les 1res attestations que Gdf a ainsi recueillies. Certes, le dépouillement de Gdf a été soigneux, mais si l'on examine la *Somme* avec un peu d'attention, on s'aperçoit qu'il contient bien d'autres attestations précoces qui méritent d'être ajoutées aux dictionnaires. D'après mon sondage rapide, on a environ soixante-dix cas qui antidatent les données de la lexicographie et certains d'entre eux sont antérieurs de plus de deux ou trois siècles ou même de plus de quatre siècles aux 1res attestations qu'on connaissait jusqu'ici.

Puisque *la Somme des offices* explique la liturgie, on a de nombreux termes liturgiques qui apparaissent pour la première fois dans l'histoire du français chez le traducteur de Jean Beleth. Ainsi, le syntagme *messe seiche* « messe sans consécration »[18] apparaît déjà dans notre texte alors qu'on ne le connaissait jusqu'à maintenant que depuis 1461 Villon. Pour des désignations de certaines parties de la messe aussi, on a des attestations précoces. Par exemple d'après le TLF, le s.f. *secrete* « oraison que le prêtre dit tout bas à la messe, immédiatement avant la préface »[19] est attesté depuis seulement 1680 Rich, mais le mot est déjà employé par notre traducteur de la *Somme*. Certes toutes les 1res attestations ne renouvellent pas si radicalement nos connaissances, mais on a intérêt à relever l'occurrence de mots comme *introïte* s.m. « introït, chant processionnel accompagnant l'entrée des célébrants au début de la messe »[20], *ofrende* s.f. « cérémonie qui se pratique aux messes, dans laquelle le prêtre, tourné vers le peuple, présente la patène à baiser et reçoit les offrandes des fidèles »[21], *postcommunion* s.m. « dernière oraison de la messe, chantée par le prêtre après la communion »[22], *prose* s.f. « morceau liturgique, composé en latin sur une base non prosodique, et chanté avant l'évangile de la messe »[23], *responsoire* s.f. « répons »[24], *suffraiges des sainz* s.m.pl. « prières d'intercession adressées aux saints »[25], *trait* s.m. « trait, chant entre le graduel et l'évangile »[26].

On a par ailleurs les termes sur les services rendus aux morts. Là aussi la *Somme* nous fournit des attestations précoces. Par exemple, le s.m. *septenier* « service et prière que l'on faisait pour un mort pendant les sept jours qui suivaient le décès »[27] était considéré jusqu'ici comme apparu pour la première fois dans un document poitevin de 1482 cité par Gdf. Les deux occurrences du mot dans la *Somme* sont donc antérieures de plus de 250 ans à cette attestation poitevine. Dans ce domaine, on peut noter également des mots comme *quarantenier* s.m. « service et prière que l'on faisait pour un mort pendant les quarante jours qui suivaient le décès »[28] et *trentenier* s.m. « service et prière que l'on faisait pour un mort pendant les trente jours qui suivaient le décès »[29].

Il en va de même pour les termes concernant le calendrier. D'après le TLF, le syntagme *quatre tens* « les trois jours de jeûne ordonnés par l'Eglise au début de chacune des quatre saisons de l'année »[30] apparaît pour la première fois en 1537, mais trois siècles auparavant, notre traducteur de la *Somme* l'a déjà utilisé dans deux passages qui ont échappé au dépouillement des lexicographes. On peut citer aussi comme exemples d'attestation précoce des mots comme *Pasque petite* s.f. « dimanche des Rameaux »[31], *quinquagesime* s.f. « cinquante jours avant Pâques »[32] ou *sexagesime* s.f. « soixante jours avant Pâques »[33].

Les apports lexicographiques de la *Somme* ne se limitent pas à la liturgie, mais elles s'étendent aussi au domaine plus large du vocabulaire religieux. Ainsi, le s.m.pl. *gentils* « païens »[34] que le FEW et le TLF datent seulement de depuis 1488 (éd. 1491) et dont le DMF[1] ne donne qu'une attestation de ca. 1477-1481 apparaît déjà dans notre texte. Il en va de même pour le s.m. *omelier* « recueil d'homélies »[35]. Jusqu'ici on le connaissait seulement depuis 1374, mais 150 ans auparavant la *Somme des offices* a utilisé le mot dans deux passages. Dans ce domaine, on peut relever aussi des termes comme *arrien* s.m. « partisan de l'hérésie d'Arius »[36], *genz* s.f.pl. « païens »[37], *legendier* s.m. « recueil de légendes »[38], *mite* s.m. « repas qui consistait, à Cîteaux, dans un quart de livre de pain et le tiers d'une hémine de vin »[39], *neupme* s.m. ou f. « suite de notes sans paroles qui se chantent sur la dénière voyelle du mot alleluia »[40], *original pechié* s.m. « péché originel »[41], *passionaire* s.m. « livre contenant l'histoire des martyrs »[42], *penitenciau* adj. « de pénitence »[43], *primitive iglise* s.f. « église des premiers siècles du christianisme »[44], *prince dou monde / des tenebres* s.m. « démon »[45], *rogation* s.f. « prière aux saints »[46], *salutation* s.f. « salut de l'ange Gabriel à la Vierge Marie »[47].

Mais il y a des mots qui n'ont pas de relations avec la religion mais qui sont employés pour la 1ʳᵉ fois dans la *Somme*. Et ce qui est remarquable est qu'on n'a pas affaire uniquement aux calques, mais que pour rendre des mots latins le traducteur puise dans son vocabulaire vernaculaire. Par exemple le s.f. *esjoissance* « réjouissance »[48] correspond au latin *congratulatio*. De même, le s.f. *estrenjance* « action de s'éloigner »[49] traduit le latin *alienatio* et le s.f. *gaiece* « frivolité »[50] traduit le latin *lascivia*. On peut relever aussi le s.m. *jadau* « jatte »[51] qui traduit le latin *magnum vas* ; il est intéressant aussi géographiquement parce que c'est un mot de l'Ouest. On citera encore des cas suivants : *adversatif* s.m. « ennemi »[52], *antiquité* s.f. « ancienneté »[53], *aspirer a* v.intr. « désirer »[54], *auditor* s.m. « celui qui écoute »[55], *chal* s.m. « cal »[56], *cinquaine* s.f. « cinq ans »[57], *cinquantaine* s.f. « réunion de cinquante objets de même nature »[58], *convocation* s.f. « assemblée »[59], *equivocation* s.f. « conformité de nom »[60], *examiner* v.tr. « interroger »[61], *fantasmatique* adj. « qui ne correspond pas à la réalité »[62], *fichement* s.m. « action de ficher, de planter »[63], *glorification* s.f. « action de glorifier »[64], *illusion* s.f. « parole, action par laquelle on se moque »[65], *invitacion* s.f. « action d'inviter »[66], *justifier* v.tr. « rendre juste »[67], *material* adj. « formé de matière »[68], *mortalles* s.f.pl. « funérailles »[69], *mundefiement* s.m. « purification »[70], *mundefier* v.pr. « se purifier »[71], *observance* s.f. « règle qu'on est censé observer »[72], *ostement* s.m. « action d'ôter »[73], *pacefier* v.tr. « rétablir la paix dans »[74], *primitif* adj. « premier »[75], *quarantiesme* adj. « se dit d'une partie d'un tout également divisé en quarante »[76], *raemplissement* s.m. « action de remplir »[77], *raisonableté* s.f. « qualité de ce qui est raisonnable »[78], *ralumer* v.tr. « allumer de nouveau »[79], *rasture* s.f. « action de raser »[80], *realumer* v.tr. « allumer de nouveau »[81], *rechapiteler* v.tr. « récapituler »[82], *reparation* s.f. « action de remettre en bon état »[83], *septantaine* s.f. « nombre de 70 ou environ »[84], *sicré* adj. « sucré »[85], *sophiste* adj. « captieux »[86], *sorvestir* v.tr. « recouvrir »[87], *tedir* v.intr. « devenir tiède »[88], *vergoinable* adj. « honteux »[89].

* * *

A côté de ces premières attestations, on peut relever plusieurs hapax dans la *Somme*. Une vingtaine de ces emplois précieux sont enregistrés dans Gdf, et le FEW les a tantôt repris tantôt ignorés. Surtout les premiers volumes du FEW semblent négliger Gdf. Par exemple, le s.f. *coveitance* « convoitise » qu'on lit au ch. 160, f. 81v [*Car l'ame a trois forces : raisonableté, coveitance, iraissance*, lat. *Anima enim tres habet uires : rationabilitatem, concupiscibilitatem, irascibilitatem* (Douteil I, 312)] est relevé comme hapax par Gdf 2, 345c, mais le FEW 2, 1552a s.v. *cupiditas* ne l'a pas repris ; le TL 2, 1000 ne fait que renvoyer à Gdf. Dans cette phrase du ch. 160 (f. 81v) on lit le s.f. *iraissance* « disposition à la colère ». Il fait l'objet d'un même traitement, car alors qu'il est cité par Gdf 4, 607c comme exemple unique (d'où DEAF I 419), il est ignoré par le FEW 4, 812a s.v. *ira* qui pourtant enregistre apr. *iraisensa* f. « colère » ; le TL 4, 1437 renvoie à la fois à Gdf et au FEW. Le peu de cas[90] qu'il fait des mots rares utilisés dans la *Somme* se retrouve également

La Somme des offices *de Jean Beleth* 131

dans des volumes plus récents du FEW. Ainsi, l'adv. *entonneement* « mélodieusement » qu'on lit au ch. 25, f. 17 [*Sire, puet cel estre je ai pechié lisant, qui pronunçoie entonneement por covetise d'umaine loenge*, lat. *Domine, ego forsitan peccaui in legendo modulate pronuntians humane cupidine laudis* (Douteil I, 52)] et que Gdf 3, 268b a enregistré comme hapax a été oublié dans le FEW 13, 2, 34b s.v. *tonus*.

Même si Wartburg recueille les données de Gdf, là aussi sa dataion est variable. Certes, on a des cas où la *Somme* est bien datée du 13e siècle. Par exemple, le s.m. *mondement* ou *mundement* « action de purifier » se lit trois fois dans notre texte, et Gdf 5, 387a en a cité l'occurrence de la forme *mundement* qu'on trouve au ch. 110, f. 54v [*car li Sainz Esperiz nos est donez el baptesme au mundement et au collement des vertuz*, lat. *quia Spiritus Sanctus bis nobis datur. In baptismate datur ad emundationem et collationem uirtutum* (Douteil I, 204)][91]. Cette attestation est reprise par le FEW 6, 3, 214a s.v. *mundare* avec une indication exacte « hap. 13e s. ». On devra seulement y ajouter la forme *mondement* qu'on lit au ch. 104, f. 51v [*Aprés vient dou mondement de l'autel*, lat. *Sequitur de nudatione* (var. *mundatione*) *altaris* (Douteil I, 194)]. En revanche, on rencontre des datations fausses même dans les volumes récents du FEW. Le s.m. *sozalement* « succession » qu'on lit au ch. 108, f. 53v [*por ce que li fait des omes et li sozalement des tens sont tuit ordené par la disposition de Deu*, lat. *quoniam actiones hominum et successiones temporum per Dei dispositionem ordinantur* (Douteil I, 201)] est cité par Gdf 7, 545b et repris par le FEW 24, 424b (fascicule de 1981) s.v. *ambulare* comme hapax afr., mais avec la date du 14e siècle. De même, l'adv. *beneürelment* « heureusement » se lit au ch. 31, f. 19 [*Beneürelment soit faite t'oroisons*, lat. *Feliciter acta sit oratio tua* (Douteil I, 60)]. Il est bien relevé par Gdf 1, 621b et repris par le FEW 25, 892b s.v. *augurium*, mais il est daté du début 14e s. dans ce fascicule de 1997. Par ailleurs, il y a des cas où il ne date pas les attestations. Ainsi, le s.f. *besoignableté* « nécessité » qu'on lit au ch. 16, f. 13 [*Més des veuz li un sont de besoignableté, li autre d'agraable volenté*, lat. *Sed uotorum alia sunt necessitatis, alia spontanee uoluntatis* (Douteil I, 37)][92] est recueilli par Gdf 1, 635a et il est ensuite passé dans le FEW 17, 277a s.v. **sunni*. Mais Wartburg s'est contenté de signaler qu'il s'agit d'un hapax sans en proposer une datation. Dans ce cas-là[93], on peut savoir du moins que c'est un mot qui a une diffusion très restreinte. Il faut noter pourtant que l'indication « hap. » est parfois munie d'une attribution à une époque erronée. C'est ce qui arrive au s.f. *nuance* et au s.m. *nuement* qui signifient tous deux « nudité ». Ils se rencontrent au ch. 104, f. 51v[94] et ils sont recueillis par Gdf 5, 541a et 542b. Quand il reprend ces attestations uniques, le FEW 7, 229b s.v. *nudus* n'a pas manqué de les signaler comme hapax, mais il les a considérées comme mfr. Ailleurs, on rencontre une indication plus vague et partant trompeuse. C'est ce qui arrive au p.p. *desbateié* « qui n'a pas été baptisé » qu'on lit au ch. 110, f. 55 [*si devroient li enfant de la vile estre baptizié que il ne morissent desbateié par aucun peril*, lat. *tunc pueri illius loci debent baptizari, ne inbaptizatos aliquo periculo mori contingat* (Douteil I, 207)]. Il est enregistré par Gdf 2, 544b

La Somme des offices *de Jean Beleth*

et ensuite il est passé dans le FEW 1, 241b s.v. *baptizare* (le TL 2, 1479 renvoie à Gdf et au FEW). Mais il présente cette attestation unique sous l'étiquette d'« afr. ». Face à cette indication, les lecteurs peu attentifs risquent de s'imaginer que ce mot est employé généralement au Moyen Age[95].

Avant de terminer mon exposé, je mentionnerai quelques hapax qui ont échappé à Gdf et par conséquent qu'aucun dictionnaire n'a enregistrés. Parmi ces attestatoins précieuses, on a des mots religieux. Ainsi le syntagme f. *oreison demaine* ou *domaine* « paternoster » qu'on lit deux fois dans la *Somme*[96] est inconnu ailleurs et l'on peut l'ajouter au FEW 3, 129a s.v. *dominicus* ou 7, 386a s.v. *oratio*. A côté de ce syntagme et d'autres mots religieux[97], il y a aussi des mots qui ne sont pas limités au domaine religieux. Par exemple le s.f. *acomplissance* « achèvement » qu'on lit au ch. 49, f. 25v [*Si est apelee ceste partie acomplissance, car par cestui est la messe acomplie*, lat. *Appellatur etiam conpletio, quoniam per illud missa conpletur* (Douteil I, 86)] est absent des dictionnaires que j'ai consultés. Il faut l'ajouter au FEW 2, 981a s.v. *complere*. De même, le s.f. *leeçance* « joie » qu'on lit au ch. 121, f. 60 [*si chanton nos Alleluia qui est chanz de leeçance en la Pasque, en quoi nos somes regeneré*, lat. *Sic et nos renati in Pascha Alleluia laudando Deum cantamus* (Douteil I, 230)] est inconnu des dictionnaires et il est à ranger dans le FEW 5, 129b s.v. *laetitia*. On peut citer encore le s.m. *treschenge* « transfert » qu'on lit au ch. 143, f. 73 [*Si est encore autre raison dou treschenge*, lat. *Alia ratio est* (Douteil I, 279)]. Si le verbe *treschengier* est connu[98], le dérivé *treschenge* n'est pas attesté ailleurs et il est à ranger dans le FEW 2, 124a s.v. *cambiare*[99].

Voilà quelques-uns des mots intéressants qu'on peut relever en examinant la version française de la *Somme des offices*. Comme je vous l'ai dit au début, leur caractère précoce ou unique n'est pas du tout assuré d'une façon définitive. En étudiant d'autres textes, on pourrait rencontrer des occurrences qui conduisent à corriger ce que je vous ai raconté aujourd'hui. Mais en attendant, les exemples que je vous ai présentés auront montré, je l'espère, qu'une lecture attentive d'un texte peu connu n'est pas un très mauvais moyen pour enrichir nos connaissances.

Notes

[1] Voir G. Roques « A propos d'éditions récentes de textes de moyen français. Problèmes et méthodes en lexicologie médiévale » ActesSémMfr, 1979, 3-21 ; T. Matsumura, « Sur Gilles li Muisis : notes lexicographiques » MélLechanteur, 2001-2002, 87-95 ; id., « La *Vie des Pères* et Gautier de Coincy dans Godefroy » ActesMfr[10], 2003, 129-141.

[2] Voir mon compte rendu RLiR 67, 2003, 265-270 et mes remarques parus dans ActesMfr[10], 2003, 405-408.

[3] (1) ChaceOisI2M (éd. Minervini) ; (2) JurésSOuenA (éd. Angers et al.) ; (3) OresmeQuadrG (éd. Gossner) ; (4) PèresL (éd. Lecoy) ; (5) ProprChosZ (éd. Zetterberg), ProprChosSq (éd. Sandqvist), ProprChosMirK (éd. Kunstmann) ; (6) TristPrC (éd. Curtis) etc.

[4] Voir FEW 22, 1, 146a s.v. *trousseau* ; G. Hasenohr, « 42. Paris, Bibliothèque nationale de France, lat. 995 », dans Maria Careri et al., *Album de manuscrits français du XIIIe siècle*, Rome, Viella, 2001, 167-170.

[5] Elle a été éditée par H. Douteil : *Iohannis Beleth Summa de*

La Somme des offices *de Jean Beleth*　　　　　　　　　　　135

Ecclesiasticis Officiis, Turnhout, Brepols, 1976, 2 vol.
   [6] Il en va de même pour le s.f. *collete* « collecte, oraison de la messe qui se dit avant l'épître » ch. 11, f. 10 [*Dom est ceste collete*, lat. *Vnde in collecta dicitur* (Douteil I, 25)] ; ch. 37, f. 20v (deux fois) ; ch. 43, f. 23v (deux fois) : GdfC 9, 126a cite la 1re occurrence du ch. 37 > TLF s.v. *collecte* (1re m. 13e s.), mais le FEW 2, 902a s.v. *colligere* a une indication erronée : mfr. (14e-15e s.).
   [7] Voir aussi *degabement* s.m. « moquerie » ch. 98, f. 47v [*Encontre ces trois degabemenz*, lat. *Contra illas tres inlusiones* (Douteil I, 180)] = Gdf 2, 470b > FEW 16, 4a s.v. *gabb* : afr. *degabement* (13e s.) ; DEAF G 18 (sans date) ; — *fainnieres* s.m. « celui qui feint » ch. 125, f. 64 [*fainnieres de grant religion*, lat. *magne religionis simulator* (Douteil I, 240)] = Gdf 3, 698b > FEW 3, 553a s.v. *fingere* : afr. *faigneur* (13e-14e s.) ; — *flechissable* adj. « qui peut être fléchi » ch. 101, f. 50 [*flechissable a tricherie*, lat. *ad malum flexibilis* (Douteil I, 188)] = Gdf 4, 30a > FEW 3, 618b s.v. **flecticare* : fr. *fléchissable* (13e s.-Trév 1743) ; — *lignement, linement* s.m. « mèche de chandelle » ch. 81, f. 39v (deux fois) [*En la chandele est la cire, li feus, li lignemenz. (...) li linemenz, la deïté coverte de la char*, lat. *In candela enim est cera, ignis, lichinus. (...) lichinus deitatem in carne latentem* (Douteil I, 149)], tous deux cités par Gdf 4, 783b > FEW 5, 349b s.v. *linamentum* : afr. *linement* (13e-14e s.), *lignement* (13e-15e s.) ; — *plorosement* adv. « avec une voix lamentable » ch. 102, f. 50v [*por quoi li verset sont chanté plorosement en la fin dou servise*, lat. *quare quidam tropi in fine officii lamentabiliter dicantur* (Douteil I, 191)] = Gdf 6, 230a > FEW 9, 77b s.v. *plorare* : afr. *plorosement* (hap. 13e s.) avant une attestation de ca. 1320 (= OvMor dans Gdf).
   [8] Les deux autres attestations de Gdf viennent du ms. BNF fr. 818, f. 302v (2e m. 13e s.) et de GlConchesR 3048 (ca. 1350). Le mot manque au TL, à l'AND et à l'AND².
   [9] Le mot manque au TL, à l'AND et à l'AND².
   [10] Voir aussi *alternité* s.f. « succession alternative » ch. 11, f. 11 [*jeüne d'alternité*, lat. : *aliud alteritatis* (Douteil I, 28)] = Gdf 1, 240a > FEW 24, 359a s.v. *alternitas* : mfr. *alternité* « 14e s. » ; — *supplection* s.f. « supplément » ch. 134, f. 69 [*li autres de supplection*, lat. *alia*

suppletionis (Douteil II, 120)] = Gdf 7, 599c [*veu de supplection*, err. car il s'agit de *jeüne*] > FEW 12, 446a s.v. *supplere* : mfr. *suppletion* « mil. 14ᵉ s.-1555 ».

[11] Voir ch. 89, f. 41v (contexte cité ci-dessus à propos de *debotance*), attestation citée par Gdf 2, 472a à côté d'une autre tirée du ms. BNF fr. 818, f. 276r mais le mot est ignoré par le FEW 5, 20a s.v. *jactare*.

[12] Voir ch. 94, f. 42v [*La disparsion ne remenbron nos mie*, lat. *Dispersionem non conmemoramus* (Douteil I, 166)] = GdfC 9, 392a mais ignoré par le TLF s.v. *dispersion* qui cite BrunLatC comme 1ʳᵉ attestation (< TL) ; le FEW 3, 98a s.v. *dispergere* mentionne vaguement fr. *dispersion* (dep. 13ᵉ s.).

[13] Voir ch. 89, f. 41v (contexte cité ci-dessus à propos de *debotance*) = Gdf 3, 574b mais ignoré par le FEW 3, 295a s.v. *exiliare*.

[14] Voir ch. 134, f. 69 [*le mardi lardier*, lat. *in die Martis pingues* (Douteil II, 120)] = Gdf 4, 723c mais ignoré par le FEW 5, 189b s.v. *laridum* ; c'est un régionalisme, cf. mon article à paraître dans MélGRoques.

[15] Voir ch. 111, f. 55v [*Sachez qu'el tens de revocation ne vest l'on pas dalmaie fors as diemaines o as festes, més solement chasuble sor la senestre espaule*, lat. *Nota, quod in tempore reuocationis non induitur dalmatica nisi in dominicis diebus et festiuis, sed tantummodo infula super sinistrum latus* (Douteil II, 92)] ; 1ʳᵉ attestation citée par GdfC 10, 573b et reprise par le FEW 10, 364a s.v. *revocare*, mais ignorée par le TLF s.v. *révocation* qui cite comme 1ʳᵉ attestation le ms. BN fr. 20030 d'après GdfC.

[16] A quoi correspond la mention « hap. 15ᵉ s. » du FEW 9, 293a ?

[17] Voir ch. 43, f. 23v ; ch. 45, f. 24 (passage qui suit la citation de GdfC) ; ch. 146, f. 74.

[18] Voir ch. 51, f. 26v [*Nuls ne deit cel jor chanter does messes o un sacrefise ou o deus, més une o un sacrefise et autre seiche*, lat. *Nota, quod nullus debet eadem die duas cantare missas cum uno sacrificio uel cum duobus, sed unam cum sacrificio et aliam siccam* (Douteil I, 90)]. Cette attestation précède celle de VillonTestR 1838 citée par GdfC 10, 644b et le FEW 11, 585b ; le TLF s.v. *messe* et *sec* ne dit rien sur l'histoire du syntagme.

[19] Le mot se lit deux fois : ch. 43, f. 23v [*Ceste* (i.e. la messe

La Somme des offices de Jean Beleth 137

proprement dite) *a quatre distinctions. La premiere est la secrete, la segonde la preface...*, lat. *... Prima dicitur secreta, secunda prefatio...* (Douteil I, 78)] ; ch. 44, f. 23v [*Secrete est ensi dite, por ce qu'ele est dite a segrei*, lat. *Secreta dicitur, quia secreto pronuntiatur* (Douteil I, 78)]. Le TLF cite seulement 1680 Rich comme 1re attestation.

[20] Le mot se lit aux ch. 34, f. 19v [*dés l'introïte*, lat. *ab introitu* (Douteil I, 63)] ; ch. 35, f. 20 (deux fois) ; ch. 43, f. 23v ; ch. 106, f. 52v ; ch. 111, f. 55v (deux fois). Ces attestations antidatent le DEAF I 374 qui cite RègleCistG comme 1re attestation.

[21] Voir ch. 41, f. 23 [*A l'ofrende ne doit pas li prestres tenir boiste ne vaissel autre de tel meniere*, lat. *In offertorio minime debet sacerdos pixidem nec aliquid huiusmodi tenere* (Douteil I, 76)]. Le TLF cite pour ce sens RutebF II, 187, 232 [*offerande*]. Pour le sens de « antienne qui précède l'offrande du pain et du vin » (ch. 106, f. 52v ; ch. 111, f. 55v), on a des attestations antérieures, v. TL 6, 1000, 29. Quant au sens de « offertoire, partie de la messe », on a deux attestations dans la *Somme* : ch. 34, f. 20 [*jusqu'a l'oferende*, lat. *usque ad offertorium* (Douteil I, 63)] ; ch. 37, f. 20v [*aprés l'ofrende*, lat. *post offertorium* (Douteil I, 67)].

[22] Le mot apparaît une fois : ch. 43, f. 23v [*es secretes et el postcommunion*, lat. *in secreta et post communionem* (Douteil I, 78)]. Cette attestation précède celle de PeanGatS² 9354 citée par le TL 7, 1642.

[23] Voir ch. 38, f. 21 [*Aprés vient la sequence que nos apelons prose*, lat. *Deinde sequitur sequentia, quam nos prosam appellamus* (Douteil I, 69)]. Cette attestation est antérieure à celle de TombChartr24W 203 citée par le TL 7, 1997 (= FEW 9, 463a ; TLF).

[24] Voir ch. 134, f. 69 [*Por ce Aubins, Albinus, maistres Charlon fist l'estoire de la Trinité et la responsoire et les sequences*, lat. *... responsoria et sequentias* (Douteil I, 259)]. Le FEW 10, 313a s.v. *respondere* donne RègleCistG comme 1re attestation.

[25] Voir ch. 31, f. 19 [*Aprés vienent li sufraige de sainz*, lat. *Deinde secuntur sanctorum suffragia* (Douteil I, 61)]. Le FEW 12, 414b s.v. *suffragium* date le syntagme de depuis 1374.

[26] Voir ch. 77, f. 37v [*et nos aprés Alleluia chantons le trait Laudate,*

qui senefie travau, lat. *et nos post Alleluia statim tractum subiungimus, scilicet Laudate Dominum, qui laborem significat* (Douteil I, 141)] ; ch. 79, f. 39 ; ch. 97, f. 46 ; etc. Le TL 10, 513, 12 cite RègleCistG et Ménag tandis que le FEW 13, 2, 149a s.v. *tractus* ne connaît cet emploi que depuis 1374 (= Ménag).

[27] Voir ch. 160, f. 81v [*Septeniers et trenteniers de morz ot commencement el Viez Testament*, lat. *Septenarius ergo mortuorum et tricenarius a ueteri testamento sumpsit exordium* (Douteil I, 312)] ; ibid. [*Donques fait l'on le septenier des morz que ce qu'il ont meffait par cestes .VII. choses lor soit pardoné*, lat. *Vt ergo peccata, que homo commisit per hec septem, deleantur, septenarium mortuis celebramus* (Douteil I, 312)]. 1re attestation par rapport au FEW 11, 479a s.v. *septem* qui cite mfr. *septennier* poit. 1482 < Gdf 7, 385b.

[28] Voir ch. 160, f. 82 [*Quarantenir fait l'on que ce qu'il ont forfait es diz commandemenz de la loi et des quatre evangelistes lor soit pardoné*, lat. *Quadragenarium uero ideo quidam faciunt, ut quod illi, qui decesserunt, transgressi sunt in decem preceptis legis et in doctrina quatuor euangeliorum, sibi condonetur* (Douteil I, 313)]. C'est une 1re attestation du mot et sens à ajouter au FEW 2, 1391b s.v. *quadraginta* qui cite le mot depuis Fur 1690 pour un autre sens.

[29] Voir ch. 160, f. 81v (v. note précédente) ; ibid. [*Donques faiserin nos trentenier as morz, que ce qu'il ont meffait contre la Trinité en garder les .X. commandemenz de la loi par la misericorde de Deu lor soit pardoné*, lat. *Tricenarium igitur mortuis ideo facimus, ut quod in obseruatione decem preceptorum contra Trinitatem peccauerunt, eis Dei misericordia condonetur* (Douteil I, 312)]. 1re attestation par rapport au FEW 13, 2, 271a s.v. *triginta* qui cite afr. mfr. *trentenier* pour 1265-1580 < Gdf 8, 41b.

[30] Voir ch. 50, f. 25v [*car as semadis des jeünes des quatre tens chante l'on la messe mult tart*, lat. *quia in sabbatis ieiuniorum quatuor temporum ualde sero potest celebrari missa* (Douteil I, 87)] ; ch. 62, f. 31 [*Nequeden es jeünes des .IIII. tens qui sunt en avent et en la veille de Naal ne list l'on mie d'Isaïe*, lat. *In ieiuniis tamen quatuor temporum, que sunt in aduentu, et in uigilia natalis Domini non legitur de Ysaia* (Douteil I, 113)]. Attestation qui antidate le TLF s.v. *quatre(-)temps* qui

La Somme des offices *de Jean Beleth*

cite celle de 1537 < FEW 13, 1, 190a ; la date de ca. 1340 donnée par le FEW a été corrigée dans TraLiLi 23, 1, 29.

[31] Voir ch. 113, f. 56v [*neïs li dimaines de rainpax est apelez Pasue petite*, lat. *etiam dominica in ramis palmarum minus Pascha dicitur* (Douteil I, 212)]. C'est une 1re attestation par rapport au FEW 7, 702b s.v. *pascha* qui cite seulement Louisiana *petites pâques*.

[32] Voir ch. 77, f. 37 [*or dirons de la septuagesime meïsmes et de la sexagesime et de la quinquagesime et de quaresme*, lat. *dicendum est de ipsa septuagesima et gratia illius de sexagesima et quinquagesima et quadragesima* (Douteil I, 139)] ; ch. 77, f. 38 [*Quinquagesime est dite par cinc foiz diz et senefie le tens de remission*, lat. *Quinquagesima dicitur quasi quinquies decem et significat tempus remissionis* (Douteil I, 143)] ; ch. 78, f. 38v. Attestations qui antidatent le TL 8, 95 qui cite RègleCistG = TLF.

[33] Voir ch. 56, f. 28v [*El tens de la sexagesime qui est dés Circumdederunt me jusque a octieve Pasque remenbre sainte iglise le tens de desavoiement*, lat. *Tempore LXXe, que est a Circumdederunt me usque ad octabas Pasche, recolit tempus deuiationis* (Douteil I, 101)] ; ch. 77, f. 37 (v. note précédente). Attestation qui antidate le FEW 11, 556b s.v. *sexagesimus* qui cite 1380 AalmaR 11249 = TLF.

[34] Voir ch. 98, f. 46v [*Les does leçons senefient que Nostre Sires sofri mort por deus poples : por les Hebrés et por les gentils*, lat. *Due lectiones leguntur, quia pro duobus populis passus est Christus, Hebreo scilicet et gentili* (Douteil I, 176)] ; ch. 98, f. 47 [*por les noviax creanz, por les gentils*, lat. *pro neophitis et gentilibus* (Douteil I, 179)]. Cette attestation qui antidate le FEW 4, 111b s.v. *gentilis* (dep. 1488, RF 32, 71 [= 1488 (éd. 1491) La Mer des Histoires, TLF]) est à ajouter au DEAF G 539. Le DMF[1] cite ca. 1477-1481, Du Sacrement de mariage (dans HugRipM), 66.

[35] Voir ch. 60, f. 30 (v. note 38) ; ch. 62, f. 31 [*L'omelier list l'on a Naal et es festes qui ont propres jeünes*, lat. *Omeliarius legitur in natalis et in festis eorum, qui propria habent ieiunia* (Douteil I, 114)]. Attestation qui antidate le FEW 4, 453b s.v. *homilia* qui cite mfr. *omelier* (1374-1469) < Gdf 5, 598b qui cite JGoulRat et deux attestations de ca. 1469.

[36] Voir ch. 134, f. 69v [*Més lonc tens aprés sorstrent et chaalerent une secte de bogres qu'en apele arriens*, lat. *Tandem superueniente heresi Arriana* (Douteil I, 260)]. Cette attestation antidate le FEW 25, 237a s.v. *Arius* qui cite ca. 1220 = CoincyI1K 62 cité par GdfC 8, 183a. Le TLF s.v. *arien* cite Coincy d'après GdfC sans identifier le passage.

[37] Voir ch. 39, f. 21v [*nos creon Nostre Segnor qui fu crecefiez et ce est escandes as Gieus et folie as genz*, lat. *Credimus Christum Dominum nostrum crucifixum, Iudeis quidem scandalum, gentibus uero stultitiam* (Douteil I, 71)] ; ch. 78, f. 38 ; ch. 139, f. 71v. Ces attestations antidatent le DEAF G 509, 23 qui cite mil. 13[e] s. OrelliBible 230.

[38] Voir ch. 60, f. 30 [*Or veons des .V. livres de leçons. Li premiers est la Bile, en quoi est li Noviax et li Viez Testamenz. Li segonz est li passionnaires, de quoi il sont plusor ; li tierz, legendiers ; li quarz, omeliers ; li quinz, sermologus, ce est livres de sermons*, lat. *Nunc de quinque libris lectionum uideamus. Primus est bibliotheca a biblos, quod est liber, et theca, quod est positio, ubi totum continetur utrumque testamentum. Secundus est passionarius, qui tamen plures sunt. Tertius est legendarius, quartus est omeliarius, quintus sermologus siue liber sermonum* (Douteil I, 108)]. 1re attestation par rapport au FEW 5, 244a s.v. *legere* qui cite fr. *légendier* (14e s.—1634 ; Oud 1660) < Gdf 4, 755b.

[39] Voir ch. 119, f. 58v [*cist petiz mengiers est apelez mite*, lat. *hoc prandiolum mista uocatur* (Douteil I, 221)]. Attestation qui antidate Gdf 5, 347a et le TL 6, 98, 12 qui citent RègleCistG comme 1re attestation, d'où FEW 6, 2, 197a s.v. *mixtus*.

[40] Voir ch. 38, f. 21 [*en la fin de lui faisons neupme*, lat. *in cuius fine neumatizamus* (Douteil I, 69)]. Cette attestation précède celle de RègleCistG citée par le TL 6, 623 (> TLF).

[41] Voir ch. 136, f. 70 [*Més Dex seit de quel meniere de saintefiance ce fu dit : o de saintefiance de original pechié ou d'autre*, lat. *Sed de quo genere sanctificationis fuerit dictum, Deus nouit, an scilicet de sanctificatione originali, an de alia* (Douteil I, 264)] ; ibid. [*il m'est avis que li originals pechiez ne li fu pas pardonez*, lat. *uidetur, quod non fuit dimissum originale peccatum ante natiuitatem* (Douteil I, 264)]. Attestations antérieures à celle de SFranchS citée par le TL 6, 1277 = TLF.

La Somme des offices *de Jean Beleth*

[42] Voir ch. 60, f. 30 (v. note 38) ; ch. 62, f. 31v [*Li passionaire sunt leü es festes des sainz*, lat. *Passionarii leguntur in festis martyrum* (Douteil I, 115)] ; ibid. [*més ce dit Gelasius, uns sainz maistres, que li herege firent le passionaire de saint George et de saint Cire et de si mere*, lat. *sed quidam sunt apocriphi teste Gelasio ut de beato Georgio et cuiusdam Cirici et Iulite matris eius, quos heretici conposuisse leguntur* (Douteil I, 115)]. Cette attestation antidate le TLF qui cite une occurrence de la fin du 13ᵉ siècle (BNF lat. 10029) d'après Gdf 6, 30a ; le FEW 7, 731b s.v. *passio* ne connaît le mot que depuis 1380.

[43] Voir ch. 123, f. 62 [*En cestes letanies devon nos jeüner en viande quaresmal et avoir vestuures penitenciax*, lat. *In his letaniis ieiunandum est in cibo quadragesimali, et in uestinus penitentialibus debemus esse* (Douteil I, 235)]. Attestation qui précède Gdf 6, 82a qui cite JGoulRat etc. > FEW 9, 120a s.v. *pœnitere*. On lit aussi *saume penitenciau* « psaume de David qu'on suppose composé pendant sa pénitence » au ch. 27, f. 17v (lat. *penitentialem psalmum*, Douteil I, 55). Cette occurrence du syntagme précède également celle citée par le FEW ibid. (dep. 1535).

[44] Voir Prol., f. 7 [*En primitive iglise estoit devee que aucuns ne parlast en laingaige, si cil ne fust qui l'enromançast*, lat. *In primitiua ecclesia prohibitum erat, ne quis loqueretur linguis, nisi esset qui interpretaretur* (Douteil I, 1)] ; ch. 20, f. 14 ; ch. 24, f. 16 ; etc. C'est une 1ʳᵉ attestation par rapport au FEW 9, 380b s.v. *primitivus* qui cite afr. *primitive yglise* dans 1310 Fauvel = TLF.

[45] Voir ch. 24, f. 16 [*prier les sainz que o l'aïde des sainz puissent il garder et els et lor pople do prince des tenebres*, lat. *inplorare sanctos, quatinus eorum auxiliis et se et gregem suum bene uigilando a principe tenebrarum ualeant custodire* (Douteil I, 49)] ; ch. 123, f. 62v [*Dom Nostre Sires l'apele prince dou monde*, lat. *Vnde Christus principem mundi uocat illum* (Douteil I, 236)]. Attestations qui antidatent le FEW 9, 390a s.v. *princeps* qui enregistre *prince de ce monde* depuis BibleGer 1553 et *prince des ténèbres* depuis Fur 1690 ; le TLF suit le FEW.

[46] Voir ch. 122, f. 61v [*Letanie, ce est suplicacions ou rogacions*, lat. *Letania interpratatur supplicatio uel rogatio* (Douteil I, 233)]. Attestation qui antidate le FEW 10, 447b s.v. *rogatio* qui cite 1380

AalmaR 10592 = TLF.
[47] Voir ch. 69, f. 35 [*quant la muance del non d'Eve fu faite a la salutation de l'ange*, lat. *cui facta est inmutatio huius nominis Eua salutante angelo* (Douteil I, 129)] ; ibid. [*La senefiance de cest non Eve dura jusque a la salutation de l'ange*, lat. *Eue significatio manserat usque ad salutationem angeli* (Douteil I, 129)]. Attestations qui précèdent CoincyNatNDC 766 (aj. 752) cité par le TL 9, 129 et SecrSecrAbernB 337 cité par le FEW 11, 127b s.v. *salutatio* et le TLF.
[48] Voir ch. 26, f. 17v [*senefie l'esjoïssance des veisines*, lat. *significat congratulationem uicinarum* (Douteil I, 54)]. Cette attestation antidate Gdf 3, 474a qui cite 1458 MistR 732 ; l'indication du FEW 4, 77a s.v. *gaudere* : mfr. nfr. *esjouissance* (1465-...) ignore l'att. de MistR.
[49] Voir ch. 160, f. 81v [*car li deserz senefie a la feie estrenjance de Deu*, lat. *quoniam desertum quandoque alienationem a Deo significat* (Douteil I, 311)]. Cette attestation antidate Gdf 3, 641c qui cite seulement GlConch, qui correspond à GlParR et GlConchR 289 ; le mot est à ajouter au FEW 3, 332b s.v. *extraneus*.
[50] Voir ch. 161, f. 83v [*si con il est defendu por la gaiece qu'eles ne praignent paiz dou clerc*, lat. *sicut interdicitur a clerico accipere pacem propter lasciuiam uitandam* (Douteil I, 318)]. Attestation qui précède celle de AncrRiwleTT (fin 13e s.) citée par le DEAF G 38, 44 et celle de SermOyezT (2e q. 13e s.) citée par l'AND 344.
[51] Voir ch. 118, f.58 [*Dom il est costume en maintes regions que chascun des prodes omes fait porter au mostier en un jadau toz les més qu'il doit le jor mengier*, lat. *Vnde consuetudo adhuc est in quibusdam regionibus, quod in magno uase omnia fercula, que debent comedere, ad ecclesiam portant* (Douteil I, 220)]. C'est une 1re attestation par rapport au FEW 4, 13a s.v. *gabata*. Cf. mon article dans MélGRoques.
[52] Voir ch. 123, f. 62v [*Et ce n'est mie a entendre de deable que il apelast saint Pere deable, sed aduersarium ; més adversatif, que cist moz sathanas sone*, lat. *non est intelligendum, quod uocet eum diabolum, sed aduersarium, quod interpretatur sathanas* (Douteil I, 237)]. Attestation qui antidate le FEW 24, 198b qui ne connaît pas le sens employé ici.
[53] Voir ch. 14, f. 12 [*Or covient veoir comment les persones de dignité en sainte iglise orent commencement de l'antiquité des paiens et des*

Gieus, lat. *Nunc uidendum est, qualiter persone dignitatum in ecclesia ab antiquitate gentilium et Iudeorum originem habuerunt* (Douteil I, 35)]. 1re attestation par rapport au FEW 24, 660b s.v. *antiquitas*, qui ne connaît l'emploi pour ce sens que depuis JPreis.

[54] Voir ch. 23, f. 15v [*Sainz Benooiz, aspiranz a la dignité de la perfection de vie*, lat. *Beatus enim Benedictus ad perfectionis uite dignitatem aspirans* (Douteil I, 48)]. Attestation qui antidate le FEW 25, 495a s.v. *aspirare* qui cite mfr. frm. *aspirer* à qch (1350 [= GilMuisK], TL ; dp. 1514, BouchartChronBret...).

[55] Voir ch. 25, f. 17 [*Et li auditor ont ensement pechié*, lat. *et auditores similiter peccauerunt* (Douteil I, 52)]. Cette attestation antidate le FEW 25, 864a s.v. *auditor* qui cite 1262 MirNDChartrK comme 1re occurrence du mot.

[56] Voir ch. 124, f. 63v [*Cis Iacobus orot toz jorz a genollons si que il avoit le chal es genolz*, lat. *Item iste Iacobus semper flexis genibus orabat et callos in genibus habebat* (Douteil II, 107)]. Cette attestation précède celle de GuillTyrB 516 citée par le TL 2, 173, 48 d'après HLF 25, 538 (le même passage est cité par GdfC 8, 409b d'après une autre édition et repris par le TLF).

[57] Voir ch. 108, f. 53v [*Indiccio estoit apelee ancienement li espaces de .XV. anz qui est de trois cinquaines en quoi l'en rendoit treü as Romains de tot le monde. La premiere cinquaine lor rendoit l'on or...*, lat. *Indictio uocabatur antiquitus spacium quindecim annorum, quod constat ex tribus quinquenis. In quibus quinquenniis triumphato orbe persoluebatur Romanis tributum de toto mundo : in primo quinquennio aurum...* (Douteil I, 201)]. Attestations qui antidatent le FEW 2, 1480b s.v. *quinque*.

[58] Voir ch. 131, f. 66v [*Por ce chanton nos .III. cinquantaines de saumes*, lat. *Ideo autem tres quinquagenas psalmorum cantamus* (Douteil I, 248)] ; ibid. [*De la cinquantaine des deniers est parole en l'evangile*, lat. *De quinquagesima denariorum sermo habetur in euangelio* (Douteil I, 248)]. Attestations qui précèdent celle de CoincyI29K 107 citée par le TL 2, 434 = TLF.

[59] Voir ch. 103, f. 51 [*Donques dés que iglise sone une meïsme chose que convocation*, lat. *Cum ergo ecclesia idem sit, quod conuocatio*

(Douteil I, 193)]. Attestation qui antidate les dictionnaires, v. TL 2, 821 ; Gdf 2, 290a ; GdfC 9, 191a ; FEW 2, 1138a s.v. *convocare*.

[60] Voir ch. 92, f. 42v [*et por l'equivocation est leüe cele epistre et l'evangile de la mollier qui fu prise en avoltire que Nostre Sires delivra*, lat. *et ita propter equiuocationem est euangelium de muliere deprehensa in adulterio, quam mulierem Dominus liberauit* (Douteil I, 163)]. C'est une 1re attestation à ajouter au FEW 24, 220b qui cite fr. *équivocation* « signification double d'un mot » (13e s.-Duez 1663...).

[61] Voir ch. 134, f. 68v [*Donques deivent il premierement estre examiné et esprové*, lat. *Prius ergo examinentur et probentur* (Douteil II, 118)]. Attestation qui précèce celle de SFranchS 1390 citée par le TL 3, 1530 = TLF.

[62] Voir ch. 25, f. 16v [*que li deables ne traïsse le clerc qui list par vaine gloire et que li coraige de cels qui l'oient ne soient toloit de l'entendement et do profit de la leçon par sa fantasmatique temptation*, lat. *ne uidelicet legens elationis gloria in legendo per diabolum seducatur et audientium mentes ab intellectu lectionis et profectu per illius temptationes fantasticas non fraudentur* (Douteil I, 51)]. Cette attestation antidate le TLF qui cite 1604 Le Loyer d'après Hu.

[63] Voir ch. 131, f. 66 [*Scenofegie en septenbre, quod sonat fixio tabernaculorum, fichement de tabernacles*, lat. *Scenophegiam in Septembri, quod sonat fixio tabernalorum* (l. *tabernaculorum*) (Douteil I, 247)]. Attestation qui antidate Gdf 3, 782b : Ancienneté des Juifs, Ars. 5082, f. 98d.

[64] Voir ch. 138, f. 71v [*El jor devon nos avoir joie de la glorification d'els*, lat. *in sollempnitate de eorum glorificatione gaudemus* (Douteil I, 272)] ; ibid. ; ch. 159, f. 81. Ces attestations antidatent le DEAF G 871 qui cite Légende de SDonat déb. 14e s d'après BullSATF 23, 60 = TLF.

[65] Voir ch. 98, f. 47v [*Sachez que trois illusions firent li Gieu a Nostre Segnor*, lat. *Nota, quod tres fuerunt inlusiones, quas fecerunt Iudei Christo* (Douteil I, 179)] ; ibid. Pour ce sens le DEAF I 80 cite comme 1re attestation 2e q. 13e s. MirourEdmAW.

[66] Voir ch. 96, f. 45 [*N'i a point de invitatoire, a senefiance que nos eschivain l'enviement, l'invitacion des Gieus*, lat. *Caret etiam inuitatorio, ut scilicet non imitemur illam prauam inuitationem, quam fecerunt Iudei*

La Somme des offices *de Jean Beleth* 145

(Douteil I, 171)]. C'est une 1re attestation relevée par le DEAF I 392 qui précède celle de ca. 1364 MirNDPersP.

[67] Voir ch. 131, f. 67 [*car en la passion Nostre Segnòr somes nos tuit baptoié et reient et justifié*, lat. *quia in passione Christi omnes baptizamur, id est redimimur* (Douteil I, 250)]. Attestation qui antidate le FEW 5, 85b s.v. *justificare* qui date ce sens de depuis 1564 = TLF.

[68] Voir ch. 95, f. 43v [*Et si vost Nostre Sires estre enoit d'onction material*, lat. *Voluit tamen Christus nos materiali unctione ungi* (Douteil I, 168)] ; ibid. ; ch. 114, f. 57 [*Des temples li uns est materiax qui est faiz de pierres, li autrex esperitex, ce somes nos*, lat. *Templum aliud materiale, quod fit ex lignis et lapidibus, aliud spirituale, quod nos sumus* (Douteil I, 215)] ; ch. 115, f. 57. Ces attestations antidatent le TLF qui cite OvMorB XI, 1406 pour le sens de « formé de matière » ; cf. FEW 6, 1, 484b s.v. *materialis* qui ne connaît l'emploi pour le sens de « qui est formé de matière (opposé à spirituel) » que depuis ca. 1350.

[69] Voir ch. 161, f. 83v [*Neporquant por autre regart avoit l'on ancienement ciprés es mortalles*, lat. *Alia tamen consideratione in funeribus habebatur cupressus antiquitus* (Douteil I, 319)]. Attestation qui antidate Gdf 5, 415b > FEW 6, 3, 135b s.v. *mori* qui cite afr. mfr. *mortailles* (Jost-16e s.).

[70] Voir ch. 11, f. 10 [*De ces quatre jorz est li premiers de mundefiement*, lat. *Primus est sanctificationis, id est mundeficationis* (Douteil I, 25)]. 1re attestation par rapport au FEW 6, 3, 217b s.v. *mundificare* qui cite HMondB 938 = TL 6, 206.

[71] Voir ch. 121, f. 60v [*Aprés l'Ascension dona Nostre Sires as apostres espace por els mundefier*, lat. *Post ascensionem dedit Dominus spatium, ut se mundificarent* (Douteil II, 101)]. 1re attestation par rapport au FEW 6, 3, 217b s.v. *mundificare* qui cite fr. *mondefier* v.a. (BrunLat-...) = TL 6, 206.

[72] Voir ch. 39, f. 22v [*car les observances de la lei sont deposees Christo predicante*, lat. *quia Christo predicante deposite sunt legales obseruantie* (Douteil I, 73)]. Attestation antérieure à celle de BrunLatChab 142 citée par le TL 6, 1347 > TLF.

[73] Voir ch. 98, f. 47 [*Ou li ostement des dras senefie la fuie des apostres*, lat. *uel remotio pannorum fugam significat apostolorum*

(Douteil I, 178)]. 1ʳᵉ attestation par rapport à Gdf 5, 655b : mil. 13ᵉ s. BiblePar etc. > FEW 7, 288a s.v. *obstare*.

⁷⁴ Voir ch. 98, f. 46v [*Jesus Crisz pacefia totes choses en la croiz*, lat. *Ipse uero Christus omnia pacificauit in cruce* (Douteil I, 177)]. Attestation qui antidate Gdf 5, 682a qui cite un doc. de 1250 comme 1ʳᵉ occurrence > le FEW 7, 459b s.v. *pacificar* ; TLF.

⁷⁵ Voir ch. 11, f. 10v [*por ce qu'il ne fu mie des primitis apostres*, lat. *quia non fuit de primitiuis apostolis* (Douteil I, 27)]. 1ʳᵉ attestation par rapport au FEW 9, 380b s.v. *primitivus* qui cite fr. *primitif* « qui est à l'origine, premier » depuis ca. 1330.

⁷⁶ Voir ch. 78, f. 38 [*Si com li Ebré de toz lor biens donoent la diziesme part, ausi donoent li paien la quarantiesme*, lat. *Quemadmodum enim Hebrei de omnibus bonis decimam partem dabant, ita gentiles quadragesimam partem* (Douteil I, 144)]. Pour ce sens, le TLF donne 1690 Fur comme 1ʳᵉ date.

⁷⁷ Voir ch. 136, f. 70 [*Iohannes fu si raempliz dou Saint Esperit el ventre si mere que dou raemplissement de lui fu raemplie si mere si qu'ele prophetiza*, lat. *quia Spiritus Sanctus repleuit eum adeo, quod repletio pueri repleuit matrem, unde prophetauit* (Douteil I, 264)] ; ibid. Cette attestation précède celle de HMondB citée par Gdf 6, 551b > FEW 4, 593a s.v. *implere*.

⁷⁸ Voir plus loin ma remarque sur *coveitance* pour le contexte. Cette 1ʳᵉ attestation de la forme précède celle de Gerson (« Serm. sur le retour des Grecs à l'unité », à vérifier) citée par Gdf 6, 569a > FEW 10, 110b. Le mot n'est pas dans le DMF¹.

⁷⁹ Voir ch. 101, f. 50 [*de la lumiere de lui sont ralumé li luminaire de l'iglise*, lat. *luce illius ecclesie luminaria reaccenduntur* (Douteil I, 189)]. Attestation qui précède pour ce sens celle de RenM XIV, 785 var. H citée par le TLF.

⁸⁰ Voir ch. 114, f. 57 [*La rasture des pels de la barbe*, lat. *Rasio pilorum barbe* (Douteil I, 215)]. Pour ce sens, cette attestation antidate le FEW 10, 90a s.v. **rasitoria* qui cite mfr. *rasture* « action de faire la barbe à qn » (1415) < GdfC 10, 488c.

⁸¹ Voir ch. 101, f. 50 [*quant il realuma la charité qui estoit estainte en lor cuers*, lat. *quando in mentibus eorum caritatem iam extinctam*

La Somme des offices *de Jean Beleth* 147

illustratione sua iterum reaccendit (Douteil I, 189)]. Cette attestation antidate le FEW 24, 342a s.v. **alluminare* qui cite mfr. *reallumer le feu* (1559).

[82] Voir ch. 61, f. 30v [*li quinz est Deuteronomium, ce est segonde leis, car lors fu ele rechapitelee briement*, lat. *quintus Deuteronomius, id est secunda lex, quia tunc breuiter recapitulata fuit* (Douteil I, 110)]. Cette attestation précède celle de Bible hist. [*recapituler, recapitler*] citée par GdfC 10, 495c > FEW 10, 139a s.v. *recapitulare* et TLF.

[83] Voir ch. 109, f. 53v [*si covint que li messaiges de nostre reparation fust nonciez au monde par fame*, lat. *ita oportuit reparationis nostre per mulierem mundo nuntiaretur* (Douteil I, 202)]. Cette attestation antidate le FEW 10, 260b s.v. *reparare* qui ne connaît le mot que depuis 1310 < DG ; il en va de même pour le TLF.

[84] Voir ch. 77, f. 37v [*Ceste septantaine de jorz represente les .LXX. anz que Israel fu en la servonne de Babiloine*, lat. *Hec autem LXX dierum, quam presens agit ecclesia, representat septuaginta annos, quibus Israel fuit sub seruitute Babylonis* (Douteil I, 141)]. 1re attestation par rapport au FEW 11, 484b s.v. *septuaginta* qui cite frm. *septantaine* AcC 1842 ; le TLF s.v. *septante* cite 1336 comme 1re date de *septantaine* (pour un autre sens) d'après Gdf 7, 385c.

[85] Voir ch. 110, f. 55 [*L'en siolt demander si l'en doit batoier en aigue salee, in aqua condita, en cerveise, en moré, en sicré, en autre liquor si con est oile et vin*, lat. *Solet queri, si in aqua condita, ut in ceruisia uel medone uel in alio liquore ut in uino uel oleo liceat baptizare* (Douteil I, 207)]. 1re attestation par rapport au FEW 19, 162b s.v. *sukkar* qui cite afrcomt. *socré* (hap. 13e s.) = YsLyon dans TL 2, 1111, 29. ArveillerOr 496 n'a que des attestations tardives (ca. 1350-1394) pour *sucré*.

[86] Voir ch. 56, f. 28v [*li mondes est ennemis sophistes, la char domesches, privez, li deables anciens*, lat. *Mundus est hostis sophisticus, caro hostis domesticus, diabolus hostis antiquus* (Douteil I, 102)]. 1re attestation par rapport au FEW 12, 104a qui cite mfr. *sophiste* adj. (env. 1400 [= ChPisMutS 7935 cité aussi par le DMF[1]] ; 1602) d'après Gdf 7, 475c.

[87] Voir ch. 62, f. 31v [*més il les sorvesti par ses paroles*, lat. *sed suis uerbis easdem superuestiuit* (Douteil I, 116)]. Attestation qui antidate le

FEW 14, 353b s.v. *vestire* : mfr. nfr. *survêtir* (Est 1549-...).
[88] Voir ch. 69, f. 34v [*au vespre tedist*, lat. *in uerpere tepet* (Douteil I, 129)]. 1re attestation par rapport au FEW 13, 1, 233a s.v. *tepidus* qui cite mfr. nfr. *tiédir* (ca. 1380, AalmaR 12297) ; le TLF cite AalmaR 12298.
[89] Voir ch. 21, f. 14v [*car la nuiz est plus preste as laiz pechiez si com as larrecins et as avoltires et a autres pechiez don l'en se violt celer por ce qu'i sont vergoinable*, lat. *Nox enim turpibus peccatis magis est accomada ut furtis et adulteriis et aliis plurimis. Que plus secum trahunt pudoris, latere uolunt* (Douteil I, 44)]. Attestation qui antidate Gdf 8, 193b : Le Livre Caumont (1416) et C. Mansion (éd. 1493) > FEW 14, 281b.
[90] Voir aussi *aulegorial* adj. « allégorique » ch. 134, f. 68 [*Les does laingues senefient qu'il doit estre saiges en l'istoriau sen et en l'aulegorial*, lat. *Lingue due pendent super scapulas ad significandum, quod peritus debet esse tam in hystorico quam in mystico* (Douteil II, 116)], hapax cité par Gdf 1, 498a mais ignoré par le FEW 24, 329a s.v. *allegoria* ; — *e(u)vangeliax* adj. « évangélique » ch. 40, f. 22v [*car ce est evangeliax parole ausi com evangile*, lat. *quia uerbum euangelicum est, quemadmodum euangelium* (Douteil I, 74)] ; ch. 115, f. 57v [*de textes euvangeliax*, lat. *textibus euangelicis* (Douteil I, 217)] ; l'attestation du ch. 115 est relevée par Gdf 3, 673b mais ignorée par le FEW 3, 251b s.v. *evangelium* ; — *saintefiance* s.f. « action de purifier » ch. 134, f. 69 [*Sachez qu'il sont un jeüne de devotion* (...) ; *li autre de saintefiance*, lat. *Nota, quod quedam sunt ieiunia : deuotionis* (...) *alia sanctificationis* (Douteil II, 120)] ; « action de sanctifier » ch. 136, f. 70 [*Més Dex seit de quel meniere de saintefiance ce fu dit : o de saintefiance de original pechié ou d'autre*, lat. *Sed de quo genere sanctificationis fuerit dictum, Deus nouit, an scilicet de sanctificatione originali an de alia* (Douteil I, 264)] ; la 1re occurrence est citée d'une façon tronquée par Gdf 7, 289c qui lui donne le sens erroné de « vie consacrée à la piété » ; le mot est ignoré par le FEW 11, 147b s.v. *sanctificare* ; — *tressubstancier* v.tr. « changer une substance en une autre » ch. 99, f. 48v [*Sacré est ce qui par la consecration est tressubstancié, ce est treschengié de sa substance et trepassé*, lat. *Consecratum est, quod in consecratione transsubstantiatur* (Douteil I, 183)] ; hapax cité par Gdf 8, 62b mais

La Somme des offices *de Jean Beleth*

ignoré par le FEW 12, 355b s.v. *substantia*.
[91] Une autre attestation de *mundement* se lit au ch. 115, f. 57 [*Dou mundement dou temple material avon nos dit anceis*, lat. *De emundatione materialis templi superius dictum est* (Douteil I, 216)].
[92] Le mot se lit aussi au ch. 103, f. 51v [*Trois menieres sont de povreté : povretez de besoignableté qui est es sofreitos*, lat. *Et nota, quod tria sunt genera paupertatis : paupertas necessitatis, que est in egenis* (Douteil I, 193)].
[93] Il en va de même pour les mots suivants : *enviement* s.m. « invitation » ch. 96, f. 45 (contexte cité plus haut à propos de s.f. *invitacion*), hapax cité par Gdf 3, 316a > FEW 4, 802a s.v. *invitare* : afr. *enviement* (hap.) ; — *esleeçance* s.f. « joie » ch. 25, f. 16 [*Quant li saumes de l'esleeçance est feniz*, lat. *Finita exhortatione* (Douteil I, 50)], hapax cité par Gdf 3, 479a > FEW 5, 129b s.v. *laetitia* : afr. *esleeçance* (hap.) ; — *leisanment* adv. « d'une façon permise » ch. 16, f. 13 [*si ce ne sont veu que l'on puisse leisanment garder et laissier*, lat. *que licite quassari possunt et in irritum duci* (Douteil I, 38)] ; ch. 50, f. 26 [*Et si la puet l'on leisanment dire soverain matin*, lat. *Potest tamen missa cantari summo mane licite* (Douteil I, 88)] ; la 1re occurrence est citée par Gdf 5, 22b et puis par le FEW 5, 309a s.v. *licere* : afr. *leisanment* (hap.) ; — *pileter* v.tr. « piler, écraser » ch. 11, f. 11 [*Tex i a qui apelent seiche menjaille leün cru ou cuit, s'en les menjue senz aigue ou piletez o la cuillier*, lat. *Quidam appellant siccam comestionem legumina cruda siue etiam cocta, si comedantur absque uire malaxata cum cocleari* (Douteil I, 29-30)], hapax cité par Gdf 6, 159b > FEW 8, 490b s.v. *pilare* : afr. *pileter* (hap.) ; — *sorundance* s.f. « inondation » ch. 122, f. 61v [*El tens Pelagii pape fu si granz sorundance d'aigues en Lombardie*, lat. *Tempore Pelagii pape (...), tanta fuit inundatio aquarum per Ytaliam* (Douteil I, 233)] ; hapax cité par Gdf 7, 536a > FEW 14, 31a s.v. *unda* : afr. *sorundance* (hap.).
[94] Voici leur contexte : *Donques la nuance de l'autel senefie que Nostre Sires en la passion fu veüz nuez des nobleces*, lat. *Nudatio ergo altaris significat, quod Christus in passione nudatus uisus est illis in signis* (Douteil I, 194) ; *Ou li nuemenz de l'autel senefie le nuement de Nostre Segnor quant li chevalier le despoilierent*, lat. *Vel altaris nudatio*

representat realem Christi nudationem, quando milites spoliauerunt eum (Douteil I, 194).
[95] Il en va de même pour le s.f. *esboillissor* « ferveur » ch. 55, f. 27v [*quant il par l'esboillissor de charité aime Deu et son prisme*, lat. *quando feruore caritatis Deum diligit et proximum* (Douteil I, 99)] ; hapax cité par Gdf 3, 343a > FEW 1, 622a s.v. *bullire* : afr. *esboillissor*.
[96] Voir ch. 25, f. 16v [*si nos garnissons de l'oreison demaine que ne puissons estre vencu par le guerreiement au deable*, lat. *a cuius inpugnatione ne deuincamur, oratione dominica nos munimus* (Douteil I, 51)] ; ch. 98, f. 48 [*Més meïsme li apostre i ajosterent puis l'oreison domaine*, lat. *Sed apostoli postea addiderunt dominicam orationem* (Douteil I, 181)].
[97] Voir *canonier* v.tr. « mettre au nombre des livres canoniques » ch. 62, f. 31v [*Quant d'els sont canonié, sera dit en son leu*, lat. *Quot autem canonizati sint, suo loco dicetur* (Douteil I, 115)], aj. au FEW 2, 216b s.v. *canon* ; — *enoficier* v.tr. « célébrer un service religieux » ch. 66, f. 33v [*Et si non, si sera enoficiez del diemaine uns des jorz de sorsemaine*, lat. *Quod si non est, inofficiabitur officio illius dominice* (Douteil I, 123)], aj. au FEW 7, 337a s.v. *officium* ; — *inofficié* p.p. « pourvu d'un service religieux » ch. 130, f. 66 [*Li dui jor qui remaienent poissent el bien estre inofficié de meïmes la dominiques*, lat. *quia licet duo dies, qui supersunt octauis, ad missam possint inofficiari ab ipsa dominica* (Douteil I, 246)], aj. au FEW 7, 337a s.v. *officium* ; — *phagiphanie* s. « Epiphanie » ch. 73, f. 36 [*Donques sont il quatre sollempnitez a cel jor : Epyphanie par l'estoile, Theophanie par l'aparicion de la Trinité el baptesme, Bethphanie par le miracle des noces, Phagiphanie par le miracle que fist Nostre Sires quant il le .V. milliers d'omes saola des .V. pains*, lat. *Quatuor sunt sollempnitates uno die Epiphanie : Epiphania per stellam, theophania per apparitionem Trinitatis in baptismo, bethphania propter miraculum nuptiarum, phagiphania, quando satiauit quinque milia hominum de quinque panibus* (Douteil II, 66)], aj. au FEW 8, 349a s.v. *phagein* ; — *semadi en aubes* s.m. « samedi après Pâques » ch. 121, f. 60v [*Sexagesime est icil tens qui est dés Pasque jusqu'a Pentecoste, dés le semadi en aubes jusque au semadi de Pentecoste reier*, lat. *Et dicitur Sexagesima illud tempus, quod est a sabbato in albis usque ad ultimum*

sabbatum Pentecostes (Douteil II, 101)] ; ch. 130, f. 66, aj. au FEW 11, 2a s.v. *sabbatum.*

[98] Voir TL 10, 600 ; Gdf 8, 47a-b qui cite entre autres la *Somme* f. 48v (= ch. 99 ; le verbe se lit aussi au ch. 98, f. 47 et au ch. 143, f. 73) mais dans cette citation *treschangié* est à lire *treschengié.*

[99] Voir aussi *abreigeté* s.f. « brièveté » ch. 20, f. 14v [*por l'abreigeté des nuiz do tens d'esté*, lat. *estiualis noctis breuitas* (Douteil I, 43)], aj. au FEW 24, 25b s.v. *abbreviare* ; — *achetant* s.m. « acheteur » ch. 96, f. 45 [*quant il gita les vendanz et les achetanz do temple*, lat. *quando uendentes et emenetes iecit de templo* (Douteil I, 172)] ; ch. 102, f. 51, aj. au FEW 24, 67a s.v. **accaptare* ; — *leé* p.p. « souillé, enduit » ch. 113, f. 56v [*fors que es maisons don li postiz estoient leé del sanc de l'aignel en senblance de cele letre .T.*, lat. *per illas domos, quarum postes non inueniebat linitos sanguine agni in forma huius littere T* (Douteil I, 212)] ; ch. 131, f. 66 [*la ou les entrees des maisons estoient lees del sanc de l'aignel*, lat. *linitis postibus de sanguine agni immolati* (Douteil I, 247)] ; ch. 151, f. 76 [*A tant amenerent malades plusors et tuit cil qui estoient leé de cel sanc et de l'aigue garissoient*, lat. *Adductis ergo infirmis quotquot liniebantur sanguine illo et aqua, sanitatem recipiebant* (Douteil I, 292)], aj. au FEW 5, 357a s.v. *linere* ; — *sozblanc* adj. « blanchâtre » ch. 115, f. 57v [*si oste l'on le segont (= segont drap) qui est sozblans*, lat. *remouetur subalbum* (Douteil I, 218)], aj. au FEW 15, 1, 142b s.v. **blank* auprès de afr. *sourblanc* « blanchâtre » (fin 13e s., ZrP 46, 282) ; — *sozvermoil* adj. « rougeâtre » ch. 115, f. 57v [*et si siolt l'on en telx iglises i a metre davant l'autel trois dras : un vermoil et un autre sozvermoil, subrubeum, et le tierz noir, qui senefient les trois tens*, lat. *et in quibusdam magnis ecclesiis ante illud ornamentum uelamina trium colorum ponuntur : unum rubeum, secundum subalbum, tertium nigrum, que tria tempora significant* (Douteil I, 218)], aj. au FEW 14, 289b s.v. *vermiculus*, mais le traducteur a-t-il suivi une leçon fautive de l'original ?

MATSUBARA Hideichi

Sur le choix du manuscrit de base
— le cas du *Lai de l'Oiselet* —

Monsieur le Président, Monsieur le Professeur Michel Zink, Mes chers collègues,

Je remercie Monsieur Harano d'avoir bien voulu m'offrir l'occasion de reprendre le problème qui m'a préoccupé ma jeunesse. J'ai réouvert mon vieux dossier sur cette charmante œuvre du 13e siècle : *Le Lai de l'Oiselet.*

Cette petite pièce d'environ 400 vers a été éditée au milieu du 18e siècle par Barbazan et reproduite au 19e siècle par Méon. Elle a eu la chance de tenter Gaston Paris et il l'a éditée et a distribué son édition aux invités du banquet de mariage de sa nièce Abeille Bixio le 19 Avril 1884.[1]

Reprise dans le recueil : "*Légendes du Moyen Age*" (1903, 1904[2]) l'édition de Gaston Paris a été largement connue et traduite en anglais et en allemand. Nous pouvons aisément lire ce texte en ouvrant le volume "*Poètes et romanciers du Moyen Age*" publié par A. Pauphilet et R. Pernoud dans la collection Pléiade. A. Pauphilet lui-même a traduit en français moderne cette œuvre dans son recueil "*Contes du Jongleur*"en 1932 et sa traduction a été reprise dans le texte de l'école secondaire comme celui d'Audiat.[2] C'est une histoire d'un petit oiseau attrapé par un paysan dans un jardin. L'oiseau a repris sa liberté en échange des trois "savoirs". Le thème aurait remonté à un *avadana* indien. Mais on n'a pas pu retrouver jusqu'aujourd'hui la source.[3]

Le poète français qui a remanié cette histoire a introduit dans son récit un jardin magique pour en faire un lai breton. Dans le manuscrit *Nouvelles acquisitions 1104* de la Bibliothèque Nationale, ce *Lai de l'Oiselet* clôt le recueil et le recueil porte au bas de la dernière feuille la mention "des lais bretons". Gaston Paris a édité les lais contenus dans ce manuscrit dans le tome VII et VIII de la *Romania* sauf le *Lais de l'Oiselet*. Il a dû donc bien connaître la version du *Lai de l'Oiselet* dans ce manuscrit lorsqu'il a confectionné son édition de ce lais en 1884.[4] Il n'a pas choisi ce manuscrit comme manuscrit de base mais le manuscrit B.N.f.f. 25545.

L'œuvre est conservée dans les cinq manuscrits de la Bibliothèque Nationale. Les voici avec les sigles donnés par Gaston Paris.

    A. B.N.f.f. 837   390 vv. XIIIe siècle
    B. B.N.f.f. Nlles Acq.fr. 1104 410 vv. XIIIe siècle

C. B.N. f.f. 25545   409 vv. XIVe siècle
D. B.N.f.f. 24432   519 vv. XIVe siècle
E. B.N. f.f. 1593   314 vv. XIIIe ? XIVe siècle

Ce sont les manuscrits bien connus des médiévistes. A est un grand volume considéré comme une bonne anthologie de la littérature médiévale française. Nous possédons l'excellent facsimilé de ce recueil fait par Omont. B est le manuscrit S du *Lai de l'Ombre* qui est au centre de la position de Bédier sur la question de tradition manuscrite. La réflexion de Joseph Bédier est exposée dans son article de la *Romania* en 1928 : *Tradition manuscrite du lai de l'Ombre*. Joseph Bédier a ajouté au tiré à part de cet article l'édition de ce lai basé sur ce manuscrit. Le manuscrit C est connu par le grand nombre des œuvres de Rutebuef qu'il contient. Le manuscrit D est un grand recueil qu'on peut considérer comme une autre anthologie. Le manuscrit E est B du *Lai de l'Ombre* de l'édition de Bédier (SATF, et dans celle publiée dans *Romania* en 1928)[5].

Dans l'introduction de son édition, Gaston Paris donne sa raison de choix du manuscrit de base, qui est le manuscrit de la Bibliothèque Nationale 25545, sur le fait que dans cette version l'ordre des "trois sens" suit celui donné dans la *Disciplina clericalis* de Pierre Alphonse.

En 1990, Madame Leonora Wolfgang a édité le *Lai de l'Oiselet* en se basant sur le Ms.B. Cette édition contient une édition diplomatique de toutes les versions et une bibliographie abondante.[6] L'éditrice a critiqué le raisonnement de Gaston Paris qui dit avoir fondé son choix de manuscrit de base sur l'ordre des trois "sens" du petit oiseau. En effet, Gaston Paris dit dans l'introduction qu'il avait donnée à son édition comme suit :

"Je dirai brièvement que les cinq manuscrits remontent à deux copies différentes du manuscrit original perdu : *ABD* descendent de l'un, *C* représente l'autre, *E* paraît être le produit d'une fusion des deux. Ce qui distingue *CE* de *ABD*, c'est que l'ordre des *sens* de l'oiseau n'y est pas le même : le *sens* qui est le premier dans *CE* est le second dans *ABD*, ce qui amène naturellement à cet endroit d'assez fortes divergences. J'ai considéré l'ordre de *CE* comme original, parce qu'il concorde avec celui de Pierre Alphonse : dès lors l'établissement du texte était tout indiqué."[7]

Lorsque Weeks a donné une édition dans les *Mélanges offerts à la mémoire de Gertrude Loomis* en 1927,[8] il a pratiquement reproduit la version du manuscrit **A** (B.N.f.f. 837). Ce manuscrit est réputé présenter sous une forme élégante, parfois en les habilement abrégeant, les œuvres qu'il contient et qui se lisent agréablement. Les philologues modernes sont amenés plutôt à la légère méfiance pour le scribe intelligent et habile de ce manuscrit.

Lorsque j'avais l'ambition de jeune homme d'éditer le texte, j'ai été aussi séduit par la version **B**. A vous avouer, c'était le premier manuscrit médiéval que j'aie consulté à la Bibliothèque Nationale. Ce recueil de lais bretons a été utilisé, comme je l'avais mentionné, par Joseph Bédier pour asseoir son principe d'édition et par Ernest Hœppfner pour son édition des *Lais* de Marie de France. J'ai construit un raisonnement pour choisir ce manuscrit comme base,

Sur le choix du manuscrit de base

et je l'ai exposé dans une lettre que j'ai adressée à Monsieur Félix Lecoy.

Le Maître a bien voulu me répondre au bout de quelques mois et il a admis mon argument avec réserves. Sa lettre dit : "Votre choix du groupe *ABD* est donc en principe défendable", mais il me met en garde contre le goût "inconscient" de faire du nouveau et m'a conseillé de bien examiner la qualité du texte et repeser le jugement de Gaston Paris. Il a écrit : "Le flair du grand érudit a pu très bien juger exactement, même si les raisons qu'il donne ne sont pas sans reproche." Venant d'un savant versé de longues années dans la question de tradition manuscrite, cette phrase m'a fortement impressionné.

J'ai donc repris la comparaison des cinq versions et compté, en utilisant la méthode de Dom Quentin, le nombre d'opposition de deux manuscrits contre l'un. La version qui montre le moins de variantes isolées est **A**, suivie de **C**. A présente 8 leçons isoléés en face de **BCDE**. **B** présente 17 leçons isolées devant les leçons communes de **ADE**, tandis que **C** n'a que 9 leçons isolées en face de **ABDE**. **D** a 50 leçons isolées contre le groupe **ABDE**. **E** 48 leçons isolées contre **ABCD**. Ces chiffres m'amènent mon choix entre **A** et **C**.

Il faut cependant admettre que **C** a parfois des leçons particulières bien suspectes. Cependant en examinant le texe du groupe **ABD** et celui de **CE**, j'ai cru découvrir la supériorité du groupe **CE** sur **ABD**, car **ABD** paraît avoir déplacé le deuxième sens, c'est-à-dire "ne pleure pas ce qu'ains n'eüs"

Dans la *Disciplina Clericalis* que Gaston Paris considère comme la source du récit, les trois "savoirs" apparaissent dans l'ordre suivant :
1. Ne credas omnibus dictis
2. Quod tuum erit semper habebis
3. Ne doleas amissis

Dans les versions **ABD** du *Lai de l'Oiselet*, l'ordre des trois "sens" est comme suit : 1. Ne pleure pas ce qu'ainc n'ëus, 2. Ne croi pas quanques tu oïs dire, 3. Ce que tiens en tes mains, Ne jete pas jus a tes piés. Tandis que **C** les présente dans l'ordre suivant : 1. Ne croi pas quanques tu oïs dire, 2. Ne pleure pas ce qu'ains n'ëus, 3. (que) ce que tu tiens en tes mains, Ne jette pas jus a tes piez. **ABD** présente donc le premier le 3me sens de la *Displicina Clericalis* : Ne doleas amissis. **C** le présente second, aussi bien que **E**. : 1. Ne croire pas quanques tu oïs dire, 2. Ne plorer pas ce que n'as ëu, 3. Ce que tu tanras a tes mains, ce dit je te chastois, Vilains : Ne le jiete pas a tes piez.

L'ordre des trois "sens" dans **ABD** est : 3-1-2 de la *Disciplina Clericalis*, celui dans **CE** est 1-3-2. Le raisonnement de Gaston Paris ne se tient pas. Ce qui est troublant est le fait que l'attestation en ancien français qu'on croit première du récit dans *Barlaam et Josaphat* de Gui de Cambrai présente le même ordre de trois "sens" que la *Disciplina Clericalis* de Pierre Alfonse et que les *Récits d'un ménestrel de Reims* et *Gesta romanorum* donnent le même ordre de sens que **ABD**. N'entrons pas plus loin dans la question de l'ordre

Sur le choix du manuscrit de base

de trois "sens" mais examinons le texte.

Comme Gaston Paris fait remarquer que le déplacement du premier sens dans **CE** comme le second dans **ABD**, amène naturellement à cet endroit d'assez fortes "divergences". Dans le récit, "les trois savoirs" sont donnés au "vilain" après que l'oiseau avait regagné sa liberté. Le "vilain" (*rusticus* dans la *Disciplina Clericalis*) est déçu de la banalité de trois préceptes que le petit oiseau lui avait donnés, et déclare qu'il les savait bien : "[L]i vilains fu mout correciez Quant il oit si faite ramposne (**A** : quant il s'est teüz grant pose) Se li dist, n'est ce autre chose, Ce sont adavinal d'enfant"(**C**).

Alors l'oiselet lui répond que "*Tu ne sez qu'il t'est avenu. Il t'est durement mescheü : En mon cors a une tel pierre Qui tans est precieuise et chiere, Bien est de trois onces pesant. La vertu est en li si grans, Qui en sa baillie l'aroit Ja riens demander ne l'eüst preste.*" (ce passage est celui de **C**. **A** dit : *Ahi ! fel vilain de put aire, il a en mon cors une piere, Qui tant est precieuise et chiere. Bien est de .iii. onces pesant. La vertu de li est si grant, qui en son demaine l'avroit, James rien ne demanderoit, que ele lués ne li fust preste.*)

Croyant avoir perdu un grand trésor, le vilain, dépité, "*débat son pis* (**A** : *si bat sa coupe*) *deront ses dras, Si claime cheitis et las. Son vis a ses ongles depiece*" (**C**). L'oiseau, après avoir bien observé que le paysan avait bien déchiré ses vêtements et qui "*s'est en mains lieus bleciez*", lui fait remarquer qu'il pesait dans ses mains moins lourd qu'un moineau ou mésange, donc que le paysan avait cru tout ce qu'il a entendu et qu'il a jeté ce qu'il tenait dans la main, et qu'il a regretté ce qu'il n'a pas pu avoir. Le paysan avait bien besoin de connaître les trois préceptes donnés : qu'il était *"abosmez"* des trois sens.

Dans les versions **ABD**, l'oiseau donne seulement l'éclaircissement du premier des "sens" : *"Maintenant ce m'est vis ploras Ce qu'ainc n'eüs ne ja avras. Des troi sens estes abosmez"*. **C** donne l'éclaircissement de deux "sens" dans l'ordre : 3-1-2. *"Vilains, maintenant prouverai Des trois sens que pas ne savoies Et de ce qe tu me disoies Que hons si fox onques ne fut Qui ce plorast qui n'ait eü. Se m'est avis que or ploras. Et quant me tenis en tes las, Ce qu'an mains eüs as piez ruas.* (+1) *Des trois sens iestes abosmez"*. Ici **C** compte *"eu"* en monosyllabe(!). En tout cas, la "divergeance" dont parle Gaston Paris est la plus grande où l'ordre des "sens" est interverti.

Le manuscrit **C** donne le texte suivant :
M'alez ores ainsi gabant ;
Mais se vos me tenez couvant, (**E**. Mes s'or me teniez couvent)
vous m'apprenderez l'autre sen : (**E**. or m'aparniez le tiers sens)
car de .ii. ai je bien l'assen.
Or le dites a vo voloir,
car sor vos n'ai point de povoir.
Dites quex est il, si l'orrai...

A donne le troisième couplet de **C** le premier :

Sur le choix du manuscrit de base 161

>Et si n'ai mes sor vous pooir,
>Dites de moi vostre voloir.
>Or ne me vas mie gabant.
>Cestui sai bien : or di avant"
>"Enten y bien, dist li oisiaus,
>Li autres est et bons et biaus :
>"Ne croire pas quanques t'os dire.

B suit à peu près **A**, mais intercale un vers après le premier vers d'**A** :
>Que sor toi n'ai mes nul pooir.
>Or le metrai en non chaloir,
>Si ne m'alez mie gabant.
>Bien sai cestui, dites avant."
>"Entent a moi, fet li oiseaus,
>li autre est et bon et beaus :
>"Ne croire quante tu oz dire."

D, le plus bavard des cinq versions, suit **A** et **B**, mais révèle la transposition des sens en disant : "*ces .ii. say*" après n'avoir reçu que le premier "sens".

>Et que sus vous n'ai mes povoir ;
>Si dites de moi lo voloir.
>Or ne m'alez mie gabant.
>"Dont entans bien", dit li oisiaus,
>li autres est bons et biaus :

"Ne creez pas quanqu'oz dire."

C paraît manifestement plus fidèle à l'original. Les rimes *gabant/ couvant, sen/assen, voloir/povoir* ne présentent aucun accroc. Les autres versions, en intervertissant l'ordre des "sens", ne présentent pas cette régularité. Le groupe **ABD** donne les trois différentes leçons en conservant la rime *gabant/avant*.

Pour rimer avec *couvent*, **E** présente une rime irrégulière *couvent/sens* ; **AB** sont obligés de recourir au pluriel *Couvenans, covens*. Aucun des trois n'a pu garder la rime *sen/assen*.

Dans le groupe **ABD**, **D** paraît garder le mieux la tradition. "*Or le mettrai en non chaloir*" de **B** doit être le vers créé par le scribe. La leçon originale était probablement "*Or li dites de moi vo voloir*."

Pour éviter la forme picarde "*vo*", **A** a préféré le francien "*vostre*", **D**, beaucoup plus postérieur, "*lo*" article défini. "*Dites quex est il, si l'orrai*" de **C** me paraît plus naturel dans le contexte que "*Dites de moi vostre voloir*".

La précellence de **C** se démontre dans le passage non affecté par l'interversion de l'ordre des "sens". Libéré des mains du paysan, l'oiseau s'envole, et perché sur une branche, il fait sa toilette, car "*Il fu lais et toz hericiez, Quar laidement fu manoiez*" (**A**). Dans **A** et **C**, l'oiseau "*A son bec ses plumes ramaine Et les assiet au mieus qu'il puet* (**C** : *Et raciet au miex que*)". Le vilain qui est impatient de recevoir les "sens" promis le met en demeure, et l'oiseau donne le premier des "sens" : "*Ne pleure pas ce qu'ainc n'eüs*" dans **ABD**, "*Ne croi pas quanques tu ois dire*" dans **CE**.

Lisons ce passage dans le manuscrit **C** :
Li oisiax sor l'arbre s'envole
qui eschapez fu par parole.
Mas estoit et tous hericiez,
car laidement iert manoiez.
Tenus ot esté contre lainne.
A son bec sa plume ramainne
et raciet au miex que il puet.
Li vilains qui savoir estuet
trois sens le semont qu'il die.
[L]i oisiax fu plains de voisdie,
Se li dist : Se tu bien entens,
Apenre porras un grant sens :
"Ne croi pas quanques tu ois dire".

La leçon isolée de **C** "*Mas estoit et tous hericiez*" paraît la leçon originale que les autres versions n'ont pas bien comprise.

ABD donnent chacun une leçon différente.

A. il fu lais et toz hericiez
B. Il fu laiz et touz hericiez
D. Toulliez fu touz hericiez

E, qui montre un comportement bien curieux et révérateur, donne pour le vers correspondant : *Molt estoit mal et hirrecie*. Ce "*molt estoit*" fait supposer que le manuscrit suivi par le scribe d'**E** portait "*Mat estoit et tous hericiez*" mal écrit ou mal compris et le scribe aurait compris " *Mlt* ", abréviation fréquente.

Le mot " *mat* " qu'explique Tobler-Lommatsch comme "niedergeschlagen, gebrachen, mutolos" s'applique bien à l'état de "*l'oiselet*" tenu dans les mains du vilain et le mot est moins banal que le " *laid* " des version **A** et **B**. La platitude du mot aurait rébuté **D** qui l'a remplacé par un mot plus moderne " *touillé* ".

E a complètement refait le passage en mélangeant les vers et en introduisant une autre réfléxion :

Li oisiaus sur l'arbre vole,
Qui achapez fu par parole.
A son bec ses plumes ramaine,
car menez fu contre laine.
Molt estoit mal hurecié,
car l'endemain fust mengié.
Le vilains semont qu'il li die
les .iii. sens que non lait mie.
"Vilains", fait il "Or i entens.
Apanre i porras un grant sens.
"Ne croire pas quanque tu ois dire". (+3)

L'idée de menger hante le scribe de ce manuscrit comme le vilain. Le raisonnement que l'oiseau était hérissé de l'idée qu'il aurait été "mengé" le lendemain, suppose l'effet de l'effroi, mais plutôt saugrenu dans le contexte.

La liberté que le scribe d'**E** s'est promise envers son modèle me ramène à celle que Gaston Paris s'est offerte à prendre envers les

Sur le choix du manuscrit de base 165

cinq manuscrits. Prenons un exemple. Pour le passage où l'oiselet fait éloge de "l'amour courtois", Gaston Paris a établi le texte suivant en choisissant les vers des cinq manuscrits :

Quar dou service Dieu oïr	(**ABCDE**)
Ne puet a nului maus venir (**D**. mesavenir) ;	(**BCE**)
Et por verité vos recort :	(**ABCDE**)
Dieus et Amors sont d'un acort (**B**. Dieus et amis)	(**ACD**)
Dieus aime honor et cortoisie, (**D**. sens et honorance)	(**A**)
et fine Amors ne les het mie	(**E**)
Dieus het orgueil et fausseté	(**E**)
Et Amors les tient en vilté (**C**. Amors n'a pas enviltance)	(**E**)
Dieus escoute bele proiére	(**ABCE**)
Amors ne la met pas arriére ; (**E**. fine amour)	(**ABCD**)
Dieus convoite sor tot largece,	(**ABCD**)
Il n'i a nule mal tece :	(**ABCD**)
Li avers sont li envios, (**A**. coivoitex)	(**BCD**)
et li tenant li convoitos, (**A**. enviex)	(**BCD**)
et li vilains sont li mauvais, (**A**. li felon)	(**BCD**)
et li felon sont li punais....	(**ABD**)

L'habileté de Gaston Paris est admirable. Son texte peut être plus près de l'original perdu. Il a fait un travail d'un sixième scribe, très intelligent et d'une dextérité extrême. Il n'a pas eu la prétention d'établir un texte savant et érudit, mais de présenter, selon "un gracieux usage italien" un beau bouquet de mariage à sa nièce et à son époux.[9]

En cherchant à établir une édition "scientifique", on a parfois l'impression de démaquiller un beau texte de Gaston Paris. Devant la "mouvance" d'un texte médiéval et l'exigence du principe de Bédier, on a le choix difficile de l'âne de Buridan entre la précellence que je crois du manuscrit **C**, les indices capricieux mais parfois très révellateurs d'**E** et l'élégance pondérée du scribe du manuscrit **A**.

Notes

[1] Barbazan, Etienne : *Fabliaux et Contes des poètes françois des XII, XIII, XIV et XVe siècles*, 3 vols. 1756. Méon, Dominique-Martin, *Fabliaux et Contes des Poètes françois des XI, XII, XIII, XIV et XVe siècles, tirés des meilleurs Auteurs,* publiés par Barbazan, 4 vols. 1808.

[2] Paris, Gaston, *Légendes du Moyen Age*, 1903, 1904². Pauphilet, Albert, *Contes du Jongleur*, 1932 (Collection "Epopées et Légendes", l'Edition d'Art H. Piazza). Audiat-Chevalier, *Textes français pour la classe du 6me.*

Il faudrait signaler ici que *Le Lai de l'Oiselet* est contenu dans Le Grand-d'Aussy : *Fabliaux et Contes du XIIe et du XIIIe siècles,* 1779, 1781.

En 1829, dans la *"Bibliothèque choisie par une Sociéte de Gens des Lettres, sous la direction de M. Laurentie",* (VIIIe Section. Romans) un certain M. A***a publié un *"Recueil de Fabliaux, précédé d'une introduction".* La traduction en français moderne du *Lai de l'Oiselet* occupe les pages 150 -158.

[3] A part la longue introduction que Gaston Paris a donnée à son édition, Tyroller, Franz : *Die Fabel von dem Mann und dem Vogel in ohrer Verbreitung in der Litteratur,* 1912. Matsumura, Tsune : Monogatari-denpa ni okeru Butten no Yakuwari (en japonais) (Le rôle

des canons bouddhiques dans la transmission des contes) *in* Nihon-bukkyô-Bunka-Kenkyû, (no 3) 1982.

[4] Paris, Gaston : *Le lai de l'Oiselet, imprimé pour le mariage Depret-Bixio, 19 avril 1884.*

[5] Bédier, Joseph : *Le Lai de l'Ombre par Jean Renart,* (SATF) 1913. Les trois des cinq manuscrits nous conservant le *Lai de l'Oiselet,* sont trois des sept manuscrits du *Lai de l'Ombre.* La correspondance des sigles sont comme suit : **A** du *Lai de l'Oiselet* est **A** du *Lai de l'Ombre,* mais **B**= **E**. Le *Lai de l'Ombre* est absent dans **C** et **D** du *Lai de l'Oiselet.* **E** du *Lai de l'Oiselet* est **B** du *Lai de l'Ombre.*

[6] Wolfgang, Leonora D. : *Le Lai de l'Oiselet, an Old french Poem of thirteenth Century,* Edition and Critical Study. (Transactions of the American Philosophical Society, Vol. 80, part 5), 1990.

[7] Paris, Gaston : pp.69-70 de son édition de 1884, pp.272 des *Legendes du Moyen Age.*

[8] Weeks, Raymond : "Le Lai de l'Oiselet" in *Medieval studies in Memory of Gerttude Schoepperle Loomis,* 1927, pp.341-353.

[9] Gaston, Paris, p.1 de son édition de 1884.

A. B.N.f.f. 837, fol. 46 r

Sur le choix du manuscrit de base

C. B.N. f.f. 25545, fol. 153 r

E. B.N. f.f. 1593, fol. 173 v

FUKUMOTO Naoyuki

Remarques sur l'expression
« Tant conme hante li dura »

Nous rencontrons assez souvent « *tant conme hante li dura* ou *dure* », expression concernant la lance et son emploi, dans une description des combats de chevaliers.

Quoi que nous ayons déjà une abondance des articles destinés à éclaircir ce que signifie cette expression,[1] le sens précis de cette tournure dans des contextes variés ne semble pas encore être corroboré.

Ici, nous voudrions montrer, en analysant des exemples, une variété de l'emploi de cette expression dans les situations différentes.

La lance, arme favorite du cavalier, a été réservé au début uniquement aux chevaliers ; la hante, c'est-à-dire une hampe de lance, est droite, unie, sans contrepoids et sans poignée au 12e siècle ; elle est en bois de frêne ou de pommier, ou de charme ou de sapin ; elle est longue de 9 pieds, 3 mètres, et elle aboutira au 15 pieds, 5 mètres, à la fin du 14e siècle ; elle est accompagnée du ganfanon, qu'on appelle « pennon ». C'est un instrument terrible, auquel rien ne résiste, qui rompt hauberts, écus et heaumes, et dont on ne cesse de se servir, que lorsque le bois en a été rompu par la violence de chocs successifs.

Les chevaliers chargent, en baissant la lance, serré sous leurs bras, de manière à décupler par la vitesse du cheval et la violence du choc l'effet de leur attaque. Lorsqu'on enfonce la lance dans le corps d'un ennemi, le gonfanon y entre avec le fer, et n'en sort que rouge de sang. Nous nous représentons facilement ces scènes par des images ou bien par des vers tels que :« *El cors li met les pans del gonfanon* ». (éd.Bédier ; *Roland*, v.5427)[2]

Jean Rychner récapitule ces actions d'un cavalier en sept éléments fixes ; ce qui se résume, nous semble-t-il, dans trois éléments communs, comme vous le trouvez ici :

1) les chevaliers s'élancent avec une lance l'un contre l'autre.
2) ils se donnent des coups de lance en se croisant.
3) celui qui a reçu un coup se désarçonne, mort ou mortellement blessé ou sain et sauf.[3]

Et dans cette situation le combat se termine par le vers à peu près analogue à celui que vous voyez ici : « *L'escut li freint e l'osberc li derumpt,/ El cors li met les pans del gunfanun, / Pleine sa hanste l'abat mort des arçuns.* » (*Roland*, XCIV, vv.1227-29)

C'est aussi dans la *Chanson de Roland* que nous trouvons un des plus anciens exemples de l'expression dont nous nous occupons ici : « *Tant cume hanste li duret* ». Il est bien probable que c'est le plus ancien exemple, mais son interprétation n'est pas difficile.

Examinons de près ce passage :
> « Li quens Rollant mie ne s'asoüret, / Fiert de l'espiet *tant cume hanste li duret*, / A .xc. cols l'ad fraite e perdue ; / Trait Durendal, sa bone espee, nue, / sun cheval brochet, si vait ferir Chernuble. »(CIV, vv.1321-25)

Le vers sera compris sans difficulté à l'aide du glossaire : (durer=résister, supporter ; tant cume=aussi longtemps que, jusqu'à ce que).

Bédier le traduit : « tant que dure la hampe »(p.103), et M.Jonin, de façon plus précise : « aussi longtemps que la hampe résiste », c'est-à-dire « jusqu'au moment où la hampe se brise ».(éd.P.Jonin, pp.162-63)

Et c'est après que la lance devient inutilisable que Roland tire pour la première fois Durandel pour aller frapper son adversaire Chernuble. Ici, il n'est pas douteux que le combat corps à corps se déroule entre deux cavaliers qui s'assènent l'un l'autre des coups de hampe sans aucun résultat. A notre connaissance c'est le seul exemple qui puisse nous donner un sens précis et une image concrète.

Passons maintenant aux autres exemples : commençons par les

trois exemples :
Roman de Thèbes, vv.4753-56(éd. Guy Raynaud de Lage, CFMA-94, p.149)

> Huitasse referi Astrye, / tout l'escu li fent et pecie ; / *tant conme hante li dura*, / du destrier mort le trebucha.

Jean Renart, *Guillaume de Dole*, vv.2682-87(éd. Lecoy, CFMA-91, p.82-83)

> Il ne failli mie, ce cuit, / ainz a son cop bien emploié, / et fiert en haut a demi pié / sor le nasel tot le premier, / q'a terre le fet trebuschier, / *tant come lance li dura*.

Le siège de Barbastre, vv.273-80(éd. Guidot, CFMA-137, p.97)

> Et après point Girars Ferrant qu'est pomelez, / Va ferir Aquilant, .I. roy de Balesguez, / En l'escu de son col, que frais est et troez, / Li haubers de son dos desrous et desserrez / Si que par mi le cors li est li brans passez. / *Tan com hanste li dure* l'a abatu es prez / Que par terre se jut li vers elmes gemés / Et sanglans en remest li blans haubers saffrez.

Et voici la traduction d'un passage du *Roman de Thèbes* :
« Quant à Huitasse, il frappa Astrye, lui fendant et lui mettant en pièces tout l'écu ; *de toute la longueur de sa lance*, il l'abattit mort de son destrier. » (traduit par Aimé Petit, p.101)

Et puis celle de *Guillaume de Dole* :
« Mais, loin de manquer son coup, Guillaume, je crois, l'assène si bien qu'il frappe le premier de ses adversaires en haut, à un demi-

pied du nasal, et l'expédie au sol *de toute la longueur de sa lance.* » (traduit par J.Dufournet et les autres, p.57)

Le troisième, *Le siège de Barbastre* dont nous n'avons pas encore la traduction, note cette expression dans le glossaire « *de toute la longueur de sa lance* » ainsi que dans deux textes précédents. Dans le premier et le troisième exemple, celui qui a reçu un coup de lance se désarçonne mort, mais dans le deuxième, il se constitue prisonnier, quoi qu'il soit gravement blessé.

Ces exemples montrent que cette expression est employée commun à tous dans une scène de chute de cheval d'un cavalier, accompagné de verbes tels que « trebuschier » ou « abattre » et elle est traduite en général « *de toute la longueur de sa lance* ou *de la hampe* » ; ce qui est donné à la première fois, nous semble- t-il, par Paul Meyer dans le glossaire de *Doon de la Roche* qu'il a édité en 1921. (SATF)

Il nous faut remarquer ici une grande dissociation du sens entre ces deux traductions, c'est-à-dire, entre la primitive « *aussi longtemps que la hampe résiste* » et la nouvelle « *de toute la longueur de sa lance* » dont le sens exact nous reste ambigue.

Pour la notation des scènes de chute de cheval d'un cavalier,au moment du combat, nous avons déjà vu que l'auteur de la *Chanson de Roland* préfère l'expression « *pleine sa hante* », par exemple « *pleine sa hanste* del cheval l'abat mort. » (XCIII, V.1204) Et M.Jonin le traduit : « d'un grand coup de lance il l'abat raide mort de son cheval. » (p.151)

D'autre part notre expression « *tant come hante li dura* » aurait perdu assez tôt le sens originel ou primitif tel qu'on le voit dans l'exemple de la *Chanson de Roland* ; elle s'amalgame avec d'autres expressions homogènes qu'on emploie uniquement pour souligner la violence ou la vivacité d'un coup de lance. En effet, M.René Louis la traduit « *de toute la force de sa lance* » dans sa traduction : « *Li uns contre l'autre s'adresce, / si s'antre donent molt granz cos / sor les escuz qu'il ont as cos. / Erec, tant con hante li dure, / le trebuche a la tere dure.* » Chrétien de Troyes, *Erec et Enide*, vv.2132-36(éd. M.Roques, CFMA-80, p.65)

Cette interprétation conviendrait mieux, non seulement pour l'exemple de « *Erec et Enide* », mais aussi pour les trois autres qu'on a traduit : « *de toute la longueur de sa lance* ». Il est aussi à noter que, dans cet exemple, celui qui a reçu un coup de lance n'est pas mort, ni mortellement blessé ; ici, il (=Randuraz) n'est que renversé au sol par un coup si violent.

La situation dans le prochain exemple est presque pareille que celle des exemples déjà cités :
Joufroi de Poitiers, vv.1030-32(éd.Fay-Grigsby, TLF-183, p.106)
 Et li cuens tel coup li redone / Que *tant cum la haste li dure* / L'abati a la terre dure.

Mais les deux éditeurs de ce texte montrent des vues différentes des autres et donnent une interprétation nouvelle de cette expression dans le glossaire. On traduit : « *en le repoussant de toute la longueur de sa lance* ». Mais où ont-ils trouvé le fondement d'y ajouter l'action de

« repousser » ? Il faudrait souligner qu'ici, encore une fois, celui qui a reçu un coup de lance n'est pas mort, ni blessé. S'il s'agit d'une considération faite de ce résultat, les éditeurs auraient pensé que la lance serait servie uniquement pour « repousser », c'est-à-dire pour renverser un adversaire du haut de cheval. Dans ce cas-là, il est bien naturel d'y supposer la technique de l'escrime de la lance que L.Gautier nous a expliqué : « la lance servait parfois à pousser, c'est-à-dire en la tenant des deux mains pour distribuer des coups au corps à corps, et non pour être propulsée. » (*op. cit.*, p.709 *sqq*)

La propension de ces deux éditeurs de tenir compte du contexte dans l'interprétation rendra claire l'image du vers, mais elle se dévie largement de l'acception propre du terme. Il serait en vain de chercher le sens de « pousser » dans le verbe « durer ».

Le dernier exemple vient du *Roman de Renart*, branche XI, appelée « Renart empereur », une parodie de la chanson de geste qui date bien probablement du début du treizième siècle.
Roman de Renart, Br. XI, vv.3219-24(éd. F-H-S ; t. II, p.258)

Renart s'eslesse d'autre part, / Grant cop va ferir le liepart / De son glaive par mi le cors, / Si que le fer en parut fors ; / *Tant conme hante li dura*, / Mort a terre le trebuscha.

Ce qui est remarquable ici, c'est que les traducteurs s'emploient pour ne pas s'éloigner de faire une traduction dans toute l'acception des mots, ou de chaque vocabulaire : M.Subrenat traduit : « Ailleurs, Renart lui aussi multiple les exploits. Il fait passer sa lance au travers du corps du léopard (le fer ressort par le dos) et, *comme elle résiste,* il en désarçonne son adversaire. » (10/18, t.II, p.321)

La traduction de M. Strubel est méticuleuse : « Renart de son côté ne reste pas inactif ; il frappe le léopard et le transperce d'un coup de lance, en faisant ressortir le fer dans le dos ; *il cherche à retirer la lance et ce faisant*, il le précipite à terre raide mort. » (éd. Pléiade, p.641)

Suivant ces traductions, on peut supposer comme suit : Renart arrache de toute la force la lance qui résiste de retirer, par conséquent le corps d'un adversaire doit tomber de ce côté-ci.

Tout ce que nous avons observé jusqu'ici n'éclaircit point ce que signifie exactement cette expression. Au moins, on pourrait dire que ce qu'elle signifie varie considérablement selon le contexte et chaque exemple que nous avons cité nous suggère une différente façon de traitement de lance :

Roland croise la lance quinze fois avec celle de son adversaire pour la briser ; quant aux trois exemples, où cette expression est traduite « *de toute la longueur de sa lance* », bien qu'elle ne représente pas l'image précise, on peut s'imaginer le transpercement d'une lance jusqu'au bout.

Pour l'exemple de « *Joufroi de Poitiers* », comme nous avons déjà remarqué, il serait préférable d'y supposer la façon de traitement de lance, qui sert à « pousser », non pour être propulsée, mais pour distribuer des coups au corps à corps en la tenant des deux mains. Et dans les deux traductions du *Roman de Renart*, il appert qu'on s'efforce de retirer la lance dont le fer ressort par le dos de son adversaire.

Le texte de l'exemple de Chrétien de Troyes ne nous précise pas la manière de traitement de lance au moment de renverser l'adversaire de Erec ; mais, comme Erec a pu le renverser du cheval sans le tuer ni le blesser, il est à présumer que ce soit peut-être avec la même façon de traitement que dans *Joufroi de Poitiers*.

Une expression qui se nantit au début du sens précis, devenue lieu commun dans une scène déterminée, ici il s'agit de la chute de cheval d'un cavalier au combat, elle perd complètement sa valeur originelle et elle s'abaisse à être considérée comme une expression stéréotypée banale ou bien comme une emphase qui n'a qu'une valeur stylistique.

Notre expression « *tant conme hante li dura* » est sans doute un de ses exemples, et il serait mieux d'interpréter cette expression, au lieu d'aller chercher plus loin, « *de toute la force de sa lance* » comme le plus grand commun diviseur de cette expression.

Notes

[1] Par exemple ;
> Pope, M.K. ; Notes on some ambiguous passages in the Chanson de Roland, « Medium Aevum », V(1936), p.10
> Ross, D.J.A. ; Pleine sa hanste, « Medium Aevum », XX(1951), pp.1-10
> Elcock, W.D. ; Pleine sa hanste, « French Studies », VII(1953), pp.35-47
> Rothwell, W. ; A further note on Pleine sa hanste, « Archivum

Linguisticum », VII(1955), pp.87-95
Harris, Julian ;Pleine sa hanste in the Chanson de Roland, « French and Provençal Lexicography », Essays presented to honor Alexander Herman Schutz, Columbus, Ohio, (1964), pp.100-117
Wathelet-Willem, Jeanne ; A propos de la technique formulaire dans les plus anciennes chansons de geste, « Mélanges... Maurice Delbouille », t.II(1964), p.714, note 1
Moignet, Gérard ; La Chanson de Roland, texte et traduction, Paris(1969), note au vers 1204
Corbett, N.L. ; Encore une fois pleine sa hanste, « Revue de Linguistique romane », XXXIII(1969), pp.349-352
Mériz, Diana Teresa ; Encore une fois pleine sa hanste, « Romania », XCIV(1973), pp.549-554
François, Charles ; Pleine sa hanste ; remise en question, « Marche romaine », t.XXV(1975), pp.11-29

[2] Cf, L.Gautier, *La Chevalerie*, Paris, 1883, p.709 ; Viollet-le-Duc, *Dictionnaire du mobilier*, I, p.390sqq. ; P.Boissonade, Du nouveau sur *la Chanson de Roland*, Paris, 1923, p.271 ; Jean Flori, Encore l'usage de la lance... la technique du combat chevaleresque vers l'an 1100, "*Cahiers de civilisation médiévale*", XXXI(1988), pp.213-240

[3] J. Richner, *La chanson de geste*, Genève, 1999, p.141

HARANO Noboru

Sur le mot *croerre*

Au v.1269 du *Roman de Renart* (édition Fukumoto-Harano-Suzuki = ci-après nommée « édition γ ») on trouve le mot *croerre* dont le sens n'est pas clairement déterminé. Il s'agit de l'épisode très connu de « Renart et Chantecler » (branche II). Dans la paisible basse-cour d'un riche paysan, Costant des Noës, les poules sont effrayées par l'intrusion d'une bête (Renart) et s'apprêtent à s'enfuir, tandis que le coq Chantecler ne montre aucune agitation et s'avance vers elles.

Chascune de foïr s'esploite,
Quant sire Chantecler li cos,
En une sente lez le bos,
Entre .II. piex en la croerre,
Estoit alez en la poudriere.
Mout fierement lor vint devant,

Le texte comporte, selon les manuscrits, de nombreuses variantes dont voici la liste :

A   *mq.*   *mq.*
D   Entre deus piex souz la bruiere
E   Entre .II. piez sus la raiere   Estoit trais en une poudriere
N   Entre .II. piex soubs la ramiere S'estoit trais en une pouldrere
F   Entre deux piez sus la raiere   Estoit trais en une poudriere
G   Entre .II. piez sus la raiere   Estoit trais en une poudriere

B   Entre deus pieus rala arrire
K   En .II. pex a la raiehiere   S'estoit mis en .I. poudriere
L   Entre .II. piex en la raiere   S'estoit mis en une posiere

C   Entre .II. piex en la croerre   Estoit alez en la poudriere
M   Entre .II. piex en la croere   Estoit alez en la poudriere

n   Entre .II. piez en la rouere   Estoit alez en la poudriere

H   Entre deus pieus sor la taiere   S'estoit trais .I. petit arriere
I   *mq.*   *mq.*
O   Entre le pel et la roiere   Estoit trais en une poudriere

Les éditions modernes donnent les versions suivantes :

γ   Entre .II. piex en la croerre   Estoit alez en la poudriere

Sur le mot croerre

Martin	Entre deus piex souz la raiere	S'estoit traiz en une poudriere
Roques	Entre deus pieus rala arriere	s'estoit mis en une poudriere
Pléiade	Entre deus pieus sor la raiere	S'estoit trais un petit arriere

On constate combien ce passage s'avère difficile à expliquer et reste bien discutable. Albert Henry a traité de ce passage (« Mais où donc se prélassait Chantecler ? », in *Romania*, t. 105 (1984), pp.326-332). Mais, se basant sur l'édition de Roques, il ne s'est guère arrêté sur le mot *corer(r)e*, qui ne se trouve que dans les mss. C et M, pour commenter surtout les mots *poudriere* et *raiere*.

Poudriere

Le mot *poudriere* se trouve dans la plupart des manuscrits au v.1270. Il désigne un certain lieu où Chantecler, sans souci d'être attaqué par un renard, se déplace l'air détendu et dégagé. Günner Tilander écrit : « Le sens originaire de *poudriere* est « tas de poussière », puis « tas de balayures ». Ici et aux vers II 114, 227 sa synonymie avec « fumier » est attestée par l'emploi de ce dernier mot un peu plus bas dans le même récit, au vers.296, où il est question de la poudrière sur laquelle s'était installé le coq » (*Remarques*, p.45). M. Roques donne la traduction à côté de « tas de poussière » « d'ordures, bourrier ». A. Henry, acceptant la glose « tas de poussière », rejette « tas de balayures », « fumier », « tas d'ordures, bourrier ». L'interprétation de « tas de fumier » a été adoptée par Jean Dufournet et Andrée Méline (*Renart*, vol. I, p.212-213). Le *FEW* donne aussi « tas de fumier » suivant G.

Tilander (*Remarques*). A. Henry les critique en disant que c'est un tas de poussière bien sèche sur lequel les poules se vautrent au soleil (*Ibid.*, p.327).

Raiere

Avant d'arriver à la *poudriere*, le coq passe par un endroit dont la désignation varie selon les manuscrits : *souz la bruiere* (D), *sus la raiere* (E, F, G), *soubs la ramiere* (N), *a la raiehiere* (K), *en la raiere* (L), *en la croer(r)e* (C, M), *en la rouere* (n), *sor la taiere* (H), *Entre le pel et la roiere* (O). A. Henry discute sur le mot *raiere* que l'on relève dans de nombreux manuscrits. Il rejette à cet endroit la glose de Tilander « rigole » adoptée par J. Dufournet et A. Méline. Tilander cite l'explication du *Godefroy* « ouverture verticale ; conduit qui amène l'eau sur une roue en dessus ».

A. Henry ne retient pas non plus la glose de *raiere* « ouverture longue et étroite, dans le mur d'une tour » (*FEW*, t.X, 15b « RADIARE »). Il pense qu'il s'agit d'un autre mot *roiere, royere* (« *RICA* » , *FEW*, t.X, 389b ; *God.*, t.VII, 225b ; *TL*, t.VIII, 1408). Il conclut que, dans ce passage, le sens de *raiere* est « ornière » et, proposant la lecture suivante :

   Mesire Chantecler li cos,
   En une sente, lés le bos,
   Entre deus pieus, en la raiere
   S'estoit traiz en une poudriere,

Sur le mot croerre

il traduit le texte comme suit : « Messire Chantecler le coq avait, par entre deux pieux, gagné, dans l'ornière d'un sentier voisin du bois, un amas de poussière. »

Croerre

Mais que signifie le mot *croer(r)e* tel qu'on le trouve dans les manuscrits C et M ? A. Henry, en citant des variantes du tome III de l'édition Martin, qui comporte plusieurs erreurs de lecture (par exemple, C : *crolire* --- lire C : *croerre*, N : larmiere --- lire N : *la ramiere*), signale qu'il y existe une forme *croere* parmi d'autres. Mais il ne dit rien sur ce mot *croere*.

G. Tilander, après avoir signalé l'erreur de lecture de Martin, s'interroge : « Est-ce le même mot que *croée* (*corvee*) « clos » *God.*, avec changement de suffixes ? » (*Remarques*, p.45 ; *Lexique*, p.44). Mais *corvee* est « un champ cultivé par les corvéables » (*God.*, t.II). D'où le sens de « terre cultivée, clos ». Cf. *REW*, 2255 *corrogata, Franz. *corvée* « Saisonhilfsdienst der Kleinbauern », « Frondienst », et tous les exemples cités dans le *T.L.* (*corvee*) montrent qu'il s'agit d'un travail de labour, aucun cependant ne signifie une partie de basse-cour.

Aucun dictionnaire (*T.L.*, *God.*, *REW*, *FEW*, *La Curne de Sainte-Palaye*) ne fait allusion à *croer(r)e* ni à *croe*.

De notre part, nous avons ajouté la note suivante : « [...] *Croiere* « lieu rempli de craie » qui rime bien avec *poudriere* du vers suivant ne convient pas ici. S'agit-il du « lieu où l'on conservait des coques écrasées »? » (t.II, p.404). J'y reviens et, modifiant la première partie, confirme la conclusion.

Le mot *craie* (< creta « chaux ») est fortement associé à la couleur blanche. Les exemples cités dans le *T.L.* le montrent bien. Il existe d'ailleurs l'expression « blanc come croie » et le *T.L.* en cite une autre : « *aussi blanche come croie c'on höe,* » Berte 847. (Le même exemple est également cité dans *La Curne,* dans la note de l'article *croier* « marquer avec de la craie »).

En outre, le *T.L.* donne un sens figuré « Weiße, Reinheit » et cite un exemple : Que que vous estes si enerees (l. entrees od. ancrees ?) En plaine fleur, en pleine croie, Gardez vos cuers ne se recroie D'amer en cloistre vostre espous (*zu den Nonnenn*), *G Coins.* 726, 871. Il s'agit d'une nonne « pleine de fleur, pleine de blancheur et de pureté ».

C'est pourquoi nous pensons que *croer(r)e* est une variante graphique de *craiere* et que *craiere* signifie « un lieu rempli non seulement de chaux mais aussi de quelque chose de blanc, coques, coquilles, par exemple ».

Dans une basse-cour, y a-t-il un tel endroit ? La réponse est oui. En Angleterre, pays insulaire, on utilisait des coquilles comme matériau de pavement dans les jardins. Hazel FORSYTH précise : « les coquillages comestibles ont été consommés en quantité très importante au Moyen Âge [...] et la plupart des coquilles vides étaient ramassées, écrasées et utilisées dans les jardins pour faire des parterres, des chemins [...] » (Elisabeth ANTOINE & al., *Sur la terre comme au ciel — Jardins d'Occident à la fin du Moyen Age*, Paris, Édition de la Réunion des musées nationaux, 2002, p.173.). Il poursuit : « et leur utilisation dans les jardins londoniens est attestée dans les documents contemporains. » (*Ibid.*).

Ne serait-il pas alors possible d'imaginer la même utilisation pour les coques d'œufs bien que celles-ci soient moins dures que celles des coquillages ?

Colloque
Vocabulaire de l'ancien français

Date : du vendredi 26 au samedi 27 mars 2004
Lieu : A la Faculté des Lettres de l'Université de Hiroshima, Salle de Conférence

Programme :
Vendredi 26 mars
    14:20 ~ 14:30　Ouverture :
    14:30 ~ 16:00　Communications
Président : Naohiko SETO
- Takeshi MATSUMURA (Université de Tokyo)
    Sur la traduction en français de la *Somme des offices* de Jean Beleth
- Satoru SUZUKI (Université départementale d'Aïchi, émérite)
    Sur le mot "plait"
- Yeong-Houn YI (Université Korea, Séoul)
    "Et Gieffroy le suit, *l'espee traicte*" : constructions prédicatives adjointes avec participe parfait en français médiéval

    16:00 ~ 16:30　Pause café

    16:30 ~ 17:30　Conférence
Président : Hideichi MATSUBARA
- Michel ZINK (Collège de France)
    Sur le verbe "se desnaturer"

    18:00 ~ 20:00　Réception （cotisation : 6000 yens）
à la Salle "Tokubetsushitsu", Bâtiment "Gakushi-Kaïkan" (au rez-de-chaussée)

Samedi 27 mars

10:00 ～ 12:00   Communications
Président : Satoru SUZUKI
- Hideto TAKIGUCHI (Université Rikkyo, Tokyo)
  La voix pour Dieu — l'expression de Dieu dans le théâtre français du moyen âge
- Hirotaka MAEDA (Collège Hiroshima-Shosen)
  <Oïr> la chanson de geste
- Noboru HARANO (Université de Hirsohima)
  Sur le mot "croerre" — *Roman de Renart* v. 1269
- Naohiko SETO (Université Waseda, Tokyo)
  Li vus que Nicodemus fist : saint Vou et saint Genet

12:00 ～ 13:30   Déjeuner

13:30 ～ 15:30   Communications
Président : Takeshi MATSUMURA
- Ayumi YOKOYAMA (Université Ferris, Yokohama)
  Le verbe "veoir" chez Robert de Boron
- Naoyuki FUKUMOTO (Université Soka, Tokyo)
  "Tant come hante li dura" --- comment on traitait une lance ---
- Shigemi SASAKI (Université Meisei, Tokyo)
  "Pome" et "piere" de Galaad dans le Roman de Trsitan en prose
- Hideichi MATSUBARA (Université Keio, émérite, Paris)
  Sur le choix du manuscrit de base, le cas du *Lai de l'Oiselet*

15:30 ～ 16:00   Pause café

16:00 ～ 17:00   Conférence
Président : Naoyuki FUKUMOTO
- Michel ZINK (Collège de France)
  Le changement des saisons dans le lyrisme médiéval

Liste des auteurs

Michel ZINK (Collège de France)
YI Yeong-Houn (Université Korea, Séoul)
YOKOYAMA Ayumi (Université Ferris, Yokohama)
TAKIGUCHI Hideto (Université Rikkyo, Tokyo)
SUZUKI Satoru (Université départementale d'Aïchi, émérite)
SETO Naohiko (Université Waseda, Tokyo)
MATUMURA Takeshi (Université de Tokyo)
MATSUBARA Hideichi (Université Keio, émérite)
FUKUMOTO Naoyuki (Université Soka, Tokyo)
HARANO Noboru (Université de Hirsohima)